Doris Dörrie

Die Welt auf dem Teller

Inspirationen aus der Küche

Mit Illustrationen von
Zenji Funabashi

Diogenes

Covermotiv: Illustration von Zenji Funabashi
Mit Illustrationen von Zenji Funabashi

Sämtliche Kolumnen wurden zuerst
in *Essen & Trinken*, Münster, veröffentlicht,
im Zeitraum August 2016 bis Juni 2020

www.diogenes.ch
500/20/852/1
ISBN 978 3 257 07051 4

Für meine Mutter

INHALT

GRÜNER TEE & ONIGIRI

Wenn ich in Japan lande, verpennt und verknautscht aus dem Flughafen stolpere und die Frauen bewundere, die nach zehn Stunden Flug immer noch aussehen wie gerade frisch gebügelt, freue ich mich auf zwei herrliche Dinge: eine Flasche heißen grünen Tee aus einem der Automaten, die an jeder Straßenecke herumstehen – fürchterliche Energieverschwender und gleichzeitig so wunderbar –, und dazu in einem der kleinen Supermärkte ein Onigiri kaufen.

Die Supermärkte heißen »7/11« oder »Lawson« und dienen dem reinen Überleben des gestressten Großstädters. Dort gibt es alles, was man ganz schnell braucht: einen Kuli, Handschuhe gegen die Sonne, damit die Hände schön weiß bleiben, Shampoo, Matcha-Schokolade, Cup-Nudeln, Mangas für alle Geschmacksrichtungen – auch Porno-Mangas – und eben das japanische Fastfood, das auch noch gesund ist: Onigiri. Das sind Reisbällchen, meist in dreieckiger Form, gefüllt mit Lachs, Algen, Thunfisch oder einer salzigen Pflaume, eingewickelt in ein Blatt knusprigen Seetang. Der Seetang wird nur leider in Sekunden schlapp, wenn er mit Reis in Berührung kommt. Wie also schafft man es, den Seetang knusprig zu halten? Dafür hat der Japaner die genialste Verpackung erfunden, die es auf dieser Erde gibt: Minutiös den Pfeilen auf der Cellophanverpackung folgen, wehe, wenn nicht, dann klappt die ganze Aktion nicht! Als Erstes zieht man einen schmalen Streifen in der Mitte herunter, der die Verpackung in zwei Teile zerteilt, dann zupft man rechts und links zärtlich, aber energisch, auf dass ein Blatt Seetang freigegeben werde, das sich frisch und knusprig um den Reisball in der Mitte legt. Phänomenal. Ich kann nicht genug davon bekommen. Man fühlt sich so erfolgreich, wenn man das System einmal verstanden hat.

Die Reisbällchen selbst werden mehrmals jeden Tag frisch angeliefert, meine Lieblingsfüllung ist die salzige Pflaume, *Ume*. Allerdings konnte ich lange, lange das Schriftzeichen für Pflaume nicht entziffern und musste immer wieder Menschen im Supermarkt am Ärmel zupfen, sie zu dem Regal mit den Onigiri zerren und in verschiedenen Tonlagen intonieren: *Ume? Ume? Ume?* Manche reagierten panisch, manche ungläubig, besonders Männer, andere kicherten hysterisch vor Angst, aber alle, wirklich alle versuchten am Ende zu helfen, holten mir mein Ume-Onigiri mit einer einzigen Handbewegung aus dem Regal, verbeugten sich knapp und suchten das Weite.

Zupf, zupf die Verpackung aufreißen, der erste Biss ins Reisbällchen, dazu die Flasche heißen grünen Tee und mich irgendwo auf der Straße auf ein Mäuerchen hocken – erst dann bin ich wirklich in Japan angekommen.

Der Geschmack von grünem Tee, Reis und salziger Pflaume – was könnte japanischer sein?

Es hat viele Jahre gedauert, bevor mir auffiel, dass ich immer die Einzige war, die auf der Straße aß oder trank. Bis heute setzt man sich in Japan hin zum Essen und Trinken (wie früher bei uns auch). Man widmet seine Aufmerksamkeit selbst einem Reisbällchen. Und verbeugt sich sogar kurz vor ihm: *itadakimas*. Man bedankt sich beim Reis, bei der Pflaume, beim Seetang für die reizende Unterstützung in unserem Leben. Und für die tolle Verpackung. Nein, nicht im Ernst. Das mache nur ich.

KNUST UND SCHERZL

Seit meiner Kindheit bin ich Brotfanatikerin. Am besten frisches Brot, vor allem die Kruste und am allerallerliebsten der Knust. So heißt das in Norddeutschland, woher ich komme, Scherzl in Süddeutschland, wo ich lebe. Das Endstück also. Jedes Brot hat zwei davon. Den Knust zu ergattern, mit Butter zu bestreichen und mit Salz zu bestreuen, das war für mich immer schon pures Glück. Das Problem: meine drei Schwestern. Denn jede wollte natürlich diesen Knust haben. Ob meine Mutter oder mein Vater ihn auch mal gern gegessen hätten, darüber dachten wir nie nach. Es war verboten, sich den Knust einfach abzuschneiden, ohne zu fragen, denn alles musste gerecht verteilt werden. Und noch schlimmer natürlich, das Brot von zwei Seiten anzusäbeln. Aber wie sollte man diesen einen himmlischen Knust aufteilen? Da ich ihn nicht abschneiden durfte, verlegte ich mich darauf, ihn abzuknabbern. So schnell und effektiv wie ein Kaninchen die Mohrrübe. Weg war er. Das führte zu wilder Empörung bei meinen Schwestern, zu endlosen Ermahnungen und Schimpfereien, aber nichts nützte: Ich war süchtig nach dem Knust, schlich mich nachts in die Küche, um im Dunkeln an dem frischen Brotlaib zu nagen. Dieser Duft. Diese Kruste. Diese tiefe Befriedigung, den Knust ergattert zu haben. Frisches Gersterbrot hatte den besten Knust. Der Rest des Brotes war dann eher langweilig. Die Steigerung des Gersterbrots war ein flacher Gersterlaib, den es aber nur an ganz bestimmten Tagen gab. Er bestand fast ausschließlich aus Kruste, was bei mir zur wahren Knabberekstase führte. Manchmal ließ ich dem Rest der Familie nur ein Häufchen Teig zurück.

In die Schule nahm ich tagein, tagaus nur ein knuspriges frisches Brötchen mit, ohne jeden Belag. Es durfte auf gar keinen Fall in eine Brotzeitbox gepackt werden, sonst war es im Handumdrehen nicht mehr kross. Das Brötchen flog also lose in meiner Schultasche umher, manchmal trug es Kuli- und Tintenspuren, aber das war gleichgültig, solange es nur knusprig blieb. Das Geräusch beim Reinbeißen in dieses Brötchen war das schönste Geräusch am ganzen langen Schultag. Nach der Schule trieb ich mich oft in Pferdeställen herum, weil ich Pferde vergötterte, und wie sie liebte ich trockenes Brot. Es gab Säcke von altem Brot für die

Pferde, aus denen ich mich gern bediente und an den Rinden nagte wie ein Hund an einem Knochen.

Als ich zum Studium nach Amerika ging, verließ ich das Brotparadies und konnte nicht fassen, dass es in ganz Amerika kein Brot mit Kruste und Knust gab. Stattdessen Brot so weich und weiß wie ein Kissen. Ich litt. Toastete *English muffins,* bis sie fast verkohlt waren, um eine Kruste zu produzieren. Auch Bagel waren nur ein sehr schwacher Trost.

Zum Ausgleich kam ich später in München ins wahre Brotparadies. Der Himmel der Brezn, des Schwaben- oder Frankenlaibs, des Sonnenblumenbrots und Vinschgerls. Und alles resch. So hieß knusprig hier. Ich aß jahrelang fast nur noch Brot, und es ist bis heute das Lebensmittel, auf das ich am schwersten verzichten kann.

In Japan werde ich manchmal dazu gezwungen, zumindest auf dem Land. Ich halte das drei Wochen lang ganz gut aus, und dann überfällt mich die Sehnsucht nach knusprigem Brot. Ein Brot! Ein Brot! Ein Königreich für ein Brot! In den japanischen Städten gibt es inzwischen phantastische Bäckereien, und auch in den USA wachsen junge fanatische Brotbäcker heran, trotz verbreiteten Glutenalarms.

Nichts tröstet so gut wie ein frisches knuspriges Brot. Und wenn ich Angst habe, dass ich bei einer endlosen Veranstaltung darben muss, stecke ich mir ein Stück trockenes Brot in die Handtasche, am liebsten natürlich einen Knust.

BAHNHOF MIT BLUMENSTRAUSS

Seit ziemlich genau zwanzig Jahren esse ich, wann immer ich kann, mittags eine Phở in einem vietnamesischen Imbiss in Schwabing. Als er aufmachte, hieß er »Viet Fun«, ein wirklich genialer Name. Doch irgendwann benannte man ihn um, keine Ahnung, warum. Damals hatten alle über die Größe der Suppenschalen gestaunt. Die waren so groß wie hierzulande Suppenterrinen, und man durfte die Suppe aus ihnen sogar trinken. Ich gab mächtig damit an, mit der Sitte des Suppentrinkens vertraut zu sein. Kurz zuvor war ich nämlich in Vietnam gewesen und hatte mich in die Phở verknallt.

Die erste Phở meines Lebens wurde mir bei 35 Grad am frühen Morgen auf der Dachterrasse eines kleinen Hotels in Hanoi serviert. Eine glühend heiße Suppe bei glühender Hitze fand ich ziemlich absurd. Tropenprofis wissen natürlich, dass man bei großer Hitze am besten Heißes trinkt. Die Suppe schmeckte herrlich würzig nach Sternanis, Ingwer und Muskat. In der kräftigen Fleischbrühe schwammen breite Reisnudeln und Hühnerfleisch, dazu wurde ein ganzer Teller Kräuter gereicht, von denen ich nur Koriander und Thaibasilikum kannte. Darüber hinaus gab es ein wenig Zitrone sowie Chili, Pfeffer und Salz aus einem Schälchen. Die Nudeln aß man mit Stäbchen, die Suppe wurde getrunken. Es ist erstaunlich, wie viel Suppe man zu sich nehmen kann, wenn man sie trinken darf. Danach schwitzte ich zwar beeindruckend, aber es umwehte mich eine kühle Brise, die damit zu tun hatte, dass ich meine Körpertemperatur auf gefühlte 45 Grad hochgeheizt hatte. Nach der Suppe gab es kalte, zuckersüße Mango – und ich hatte mein Lieblingsfrühstück entdeckt.

Von da an aß ich morgens, mittags und abends Phở. Ich konnte gar nicht genug bekommen von dieser feinen und frischen Zusammensetzung der verschiedenen Geschmäcker. Es gab sie als Rindsuppe, Phởbò, als Hühnersuppe, Phở Ga, und als Suppe mit Tofu, Phởdau. Ich lernte, dass in Hanoi die Nudeln breit und in Saigon schmal sind und dass dieser Unterschied das Land mehr teilt als alles andere. Doch jedes Mal, wenn ich Phởga bestellte, erntete ich Gelächter. Netterweise erklärte mir jemand, dass ich es aussprach wie: »Einmal Bahnhof mit Blumenstrauß.«

Zurück in München suchte ich überall nach der Phở, wie ich sie kennengelernt hatte, fand aber nur lächerliche Süppchen in Teeschalen. Wenn ich nach der originalen Phở fragte, wurde mir traurig mitgeteilt, die Deutschen verstünden so eine riesige Suppe nicht.

Doch dann machte das »Viet Fun« auf. Und da die neuen Besitzer wenig über Deutschland wussten, gab es vietnamesische Suppenschüsseln und eine annähernd originale Phở. Anfangs nur mit Petersilie und ohne Zitrone, aber weil ich vehement auf der Originalversion bestand, fügte man zögerlich ein Gewürz nach dem anderen hinzu, inzwischen liegen fast alle Kräuter auf dem Teller wie in Vietnam, samt Zitrone.

Wenn ich länger weg gewesen bin, stelle ich oft fest, dass es die Petersilie wieder zurück in die Suppe geschafft hat, dass es keinen Chili mehr gibt, keine Kräuter und keine Zitrone. Dann meutere ich so lange, bis die Besitzer ein Einsehen haben und die originale Phở zurückkehrt – was ein bisschen so ist wie die Originalversion eines Films, die ja auch immer besser ist als die synchronisierte. Man muss sie nur wirklich wollen.

200 GRAMM

Neulich las ich eine Nachricht, die mich sofort in Hochstimmung versetzte: Pasta macht überhaupt nicht dick! Ein jahrelanges Vorurteil wird mit sofortiger Wirkung aufgehoben. Ha! Ist das nicht herrlich? Ich raste sofort in die Küche, setzte Wasser auf und warf die gesamte Packung Nudeln hinein. Endlich nicht mehr überlegen müssen, ob überhaupt Spaghetti – und wenn ja, wie viele? Einhundert Gramm sind, ehrlich, eigentlich immer zu wenig für eine Person. Einhundertfünfundzwanzig sollten es schon sein, am liebsten aber, wirklich ganz ehrlich, zweihundert. Habe ich mich schon ewig nicht mehr getraut. Aber nach dieser Nachricht? Natürlich! Wir Pasta-Lover haben immer gewusst, dass Spaghetti trösten, nicht erst seit wissenschaftlich nachgewiesen wurde, dass der Serotoninspiegel nach Pastaverzehr ansteigt. Aber dann machten uns die Diätfetischisten einen fetten Strich durch die Rechnung: Low Carb hieß die neue Losung, und jeder halbwegs gesundheitsbewusste Mensch verkniff sich nun Brot und Pasta und behauptete, sich bald daran gewöhnt zu haben und es überhaupt nicht mehr zu vermissen.

Lüge! Lüge! Ich bekam teuflisch schlechte Laune ohne meine Pasta und fragte mich, ob Low Carb nicht den Weltuntergang massiv beschleunigte, denn statt Kohlenhydrate wurden jetzt massenhaft Proteine verschlungen, zumeist tierische. Die Paleo-Verfechter waren mir besonders verdächtig, nicht nur aus politischen Gründen, sondern auch deshalb, weil die Steinzeitdiät ja nicht unbedingt zu besonderer Langlebigkeit unserer Ahnen geführt hatte. Die Glutenempfindlichen schworen auf Gemüsespaghetti und behaupteten allen Ernstes, Zucchini-Pasta schmecke genauso gut. Nein, nein, nein! Und noch einmal auf Italienisch, weil es einfach nicht wahr ist: *No, no, no!* Eine wahre Pasta ist mit nichts zu vergleichen. Der Biss muss perfekt *al dente* sein, natürlich es nur Hartweizengrieß, für meinen Geschmack braucht sie nur eine gute Tomatensauce, ein bisschen Öl, ein paar Blätter Basilikum – und *eccola*! Ich habe in meinem Leben tonnenweise Spaghetti gegessen. Schon als Kind mit wilder Begeisterung. Und dann die Spaghetti-Orgien in den WGs, Trost-Spaghetti allein vorm Fernseher, Pasta in Italien, immer wieder eine besondere Wonne, aber für meinen Geschmack auch immer ein bisschen zu wenig. Kein Italiener würde so riesige Portionen verschlingen wie ich. Da halten nur die Chinesen mit. Gigantische Portionen handgemachter Szechuan-Nudeln in China, wo die Nudel ja eigentlich herkommt, machten mich im Handumdrehen süchtig. Länder, die keine Nudeln kennen oder sie nicht lieben, sind mir suspekt. In Spanien z.B. werden sie gern zwanzig Minuten lang gekocht und dann kleingeschnitten, eine Barbarei, die nur mit historischer Feindschaft zu erklären ist. Wie leicht kann man Menschen mit Pasta bekochen und glücklich machen! Das erste Essen, das ich je für meinen Mann gekocht habe, waren Spaghetti mit Petersilie, Knoblauch und Olivenöl, die einzigen Zutaten, die in seinem Junggesellenkühlschrank zu finden waren. Er hielt mich daraufhin für eine wahnsinnig gute Köchin und verlangte immer wieder genau dieses Mahl, was ich ihm und mir mit dem Hinweis auf die Kalorien oft verweigern musste. Und jetzt diese tolle Nachricht! Noch während ich vor der dampfenden Schüssel mit mindestens zweihundert Gramm Pasta sitze, erreicht mich eine zweite Nachricht, die besagt, dass die erste von einem italienischen Nudelhersteller lanciert wurde. Egal – ich spüre bereits den Serotoninspiegel steigen, der mich auch über diese Nachricht hinwegtröstet. Da ist es, das Glück. Pures Pasta-Glück.

APFELSINEN & ORANGEN

Bei uns im Norden hießen Orangen Apfelsinen, was sich von »Apfel aus China« herleitet, und sie hatten immer mit Winter zu tun und dem Gefühl unter den Fingernägeln, wenn man sie schälte. Manchmal brannte es wie Feuer, wenn man einen kleinen Schnitt an der Fingerkuppe hatte, zur Belohnung bekam man aber nicht nur die Frucht, sondern auch den Geruch, diesen unvergleichlichen Geruch nach Süden und Sonne, während draußen die Welt in einem tiefen Mausgrau versank.

Man erzählte uns, dass man im Winter Apfelsinen essen musste, um nicht Skorbut zu bekommen wie die Seefahrer, und das war natürlich in Hannover eine naheliegende Gefahr. Für mich gehörten Orangen also zu Winter und Weihnachten, und als ich in Spanien meinen ersten Orangenbaum sah, war ich verwirrt. Mitten im Dezember hingen bei strahlender Sonne Orangen in den Bäumen wie Weihnachtskugeln. Für jedes Nordlicht wird ein Orangenbaum ein ewiges Wunder bleiben.

Er sieht aus wie ausgedacht, wie eine Kinderzeichnung. Im Frühjahr blühen neben den Orangen schneeweiß die *azahar,* die Blüten, die morgens und abends so betörend riechen, dass man weiche Knie bekommt. Soll man auch beziehungsweise die nachtaktiven Insekten, die so zur Bestäubung angelockt werden sollen. Kommt aber keins vorbei, kann sich die Orangenblüte auch selbst bestäuben. Wer einmal abends in einer warmen, weichen Nacht durch Sevilla gegangen ist, wenn die Orangen blühen, wird sich sofort selbst ein bisschen unwiderstehlich fühlen. Nachtaktiv eben.

Für uns ist eine Orange nur dann eine Orange, wenn sie orange ist, aber sie braucht auch im Süden kalte Nächte, sonst bleibt sie grün. Weil wir aber nur die orange Orange für eine reife Frucht halten, wird sie für uns »entgrünt«, das heißt, mit Methylen behandelt. Wir bestehen auf der Farbe, denn sie signalisiert für uns Wärme und Lebensfreude, was sich periodenweise auch auf die Mode auswirkt, bis dann wieder jeder merkt, dass er nicht rumlaufen will wie eine Orange auf zwei Beinen. Manche färben sich die Haare orange, was ebenfalls eine Zumutung ist. Ich habe mal ein paar Monate lang in einer Wohnung gewohnt, in der alles orange war, alle Wände waren orange gestrichen, selbst das Klo war orange, die Bettwäsche, das Geschirr, einfach alles. Die Wohnung gehörte einer Anhängerin des Gurus Osho, dessen Gefolgschaft von Kopf bis Fuß in Orange gekleidet war, was niemand schön fand außer sie selbst. Von dieser Wohnung aus ging ich in einem Supermarkt einkaufen, wo ich eines Tages einem alten, schmächtigen und sehbehinderten Mann half, sein Geld abzuzählen. Er lud mich in seine kleine Wohnung in der Nähe ein, fragte mich, ob ich Spanisch spräche, und als ich zögernd bejahte, machte er mich sofort zu seiner Sekretärin und diktierte mir einen Brief an Fidel Castro, in dem er den Preis für Orangen auf Kuba diskutierte, der seiner Ansicht nach unbedingt gesenkt werden müsse. Der Mann war nicht verrückt, sondern der berühmte Anarchist Augustin Souchy, der schon in den sechziger Jahren Kuba bereist und eine Landreform gefordert hatte. Während ich den Brief über die Orangen an Fidel Castro schrieb, machte er einen Kopfstand. Er war neunzig Jahre alt. Während er auf dem Kopf stand, brachte er mir den spanischen Spruch über den richtigen Verzehr von Orangen bei: Morgens Gold, mittags Silber, und abends bringt sie dich um.

DIE VERWANDLUNG

Alles ist Veränderung, wie wir wissen. Manche Veränderungen sind schön, andere eher nicht. Manche sehnen wir herbei, andere fürchten wir, aber es führt kein Weg dran vorbei: Alles verändert sich.

Der beste Ort, um Veränderung zu üben und zu studieren, ist die Küche. Welches Wunder ist es doch immer wieder, dass sich eine plumpe rohe Kartoffel in Kartoffelbrei, Gnocchi, Kartoffelsuppe, Kartoffel-Soufflé verwandelt, dass aus Weizenkörnern Brot und Pasta, Croissants und Pizza werden, aus einem Schwein Speck, Braten und Teewurst. Besonders die Verwandlung von Tieren in ein Stück Fleisch auf dem Teller beschäftigte mein kleines Kind so sehr, dass es jedes Mal wieder beim Anblick eines Schnitzels oder einer Bratwurst fragte: Was war das vorher? Eine Frage, die wir uns vielleicht öfter stellen sollten, denn der Verwandlungsprozess beinhaltet so viel Leid.

Tief beeindruckt hat mich als junge Frau der

französische Sozialanthropologe Claude Lévi-Strauss mit seinem Buch *Das Rohe und das Gekochte,* in dem er analysiert, dass die Küche ein Mikrokosmos ist, in der sich der Weg der Zivilisation studieren lässt. Das Kochen hält den Verfall der Natur auf und verwandelt sie – ganz so wie die Kultur mit Mythen und Riten. Das heißt flapsig ausgedrückt: Kartoffelbrei und Goethe sind eins, Palatschinken und Mozart, Hamburger und Rihanna. In der Küche lässt sich Kultur und Struktur einer Gesellschaft ablesen. Wir könnten also unseren Thermomix fragen, was es zu bedeuten hat, wenn wir die Veränderung vom Rohen zum Gekochten nicht mehr selbst erleben, sondern sie an eine Art künstliche Intelligenz abgeben, bis wir alle irgendwann glauben, der Braten entsteht auf digitalem Weg. Wenn wir die Metamorphose durch das Kochen nicht mehr selbst tagtäglich zelebrieren, droht anscheinend radikaler Kulturverlust.

Was bedeutet das alles am Ende? Keiner weiß es. Wir sind, was wir essen, aber wir sind auch, wie wir kochen. Das Essen macht uns im besten Fall satt und glücklich, und normalerweise bleiben wir als Esser unverändert. Manche Tiere jedoch verändern sich selbst radikal, und damit verändert sich auch, was sie fressen: Aus Kaulquappen werden Frösche, aus Raupen Schmetterlinge, aus Eiern Hühner.

Achtzig Prozent aller Arten unterlaufen eine radikale Transformation ihrer Körper. Aber warum riskieren sie diese dramatische Veränderung, die viel Kraft verbraucht und ein großes Risiko darstellt?

Lange hat die Wissenschaft keine gute Antwort darauf gefunden, aber jetzt gibt es eine neue Theorie, die besagt, dass der einzige Grund für die Metamorphose ist, anderes und vor allem mehr Futter zu bekommen. Das verstehe ich sofort. Hätte ich die Chance, als Frosch nicht nur Mücken und Fliegen zu fressen, sondern auch Pizza und Pasta, würde ich sofort versuchen, ein Mensch zu werden. Pech gehabt, das hat noch keiner geschafft. Nur andersherum sind wir alle im Mutterleib amphibische Wesen, bevor wir uns zu einer gewaltigen Metamorphose entschließen und Menschen werden.

Und jetzt ist klar, warum: wegen des besseren Essens. Wenn wir das auch noch selbst kochen, bekommen wir als Schmankerl nebenbei noch Kultur. Prima eigentlich, oder?

KOLUMNISTIN AUF DER ERBSE

Schon immer haben mich Erbsen fasziniert: wie sie da so säuberlich aufgereiht und an feinen Fädchen aufgehängt in ihrer Schale liegen. Erbsenpulen gehörte zu den schönsten Küchenbeschäftigungen meiner Kindheit: mit dem Daumen die Schale entlangfahren, plopppplopppplopp jede Erbse einzeln herausschälen und sich fühlen wie Aschenputtel. Die guten ins Töpfchen, die schlechten ins Kröpfchen – und sehr viele in meinen Mund. Man muss nämlich sehr viele essen, um eine zuckersüße zu erwischen. Meine Mutter kochte süße Erbsensuppe mit Grießklößchen und rohem Schinken. Kennt irgendjemand sonst auf dieser Welt dieses Gericht? Es schmeckt herrlich und sieht schön aus. Die süßen Erbsen korrespondieren nicht nur optisch wunderbar mit den weißen Grießklößchen und dem roten Schinken, sondern auch geschmacklich in der ganzen Bandbreite von süß bis salzig. Sehr norddeutsch und wahrscheinlich sehr seltsam für alle Menschen südlich von Hannover.

In der Familie wurde ich des Öfteren »Prinzessin auf der Erbse« genannt, was mich maßlos ärgerte. Ich probierte es aus und legte eine Erbse unter meine Matratze. Lächerlich. Ich spürte nichts. Ich war also hart im Nehmen.

Mit einem Erbsenprojekt bewarb ich mich bei »Jugend forscht« und säte Erbsen in verschiedene Petrischalen, um sie dann mit verschieden zusammengesetzten Wässerchen zu begießen und zu erforschen, wie sich das auf ihr Wachstum auswirkte. Das war so langweilig, dass ich sehr bald beschloss, keine Forscherin mehr werden zu wollen. Ich fand eine bessere Verwendung für die Erbsen: Um einen schwer angeschwärmten Jungen dazu zu bringen, sich in mich zu verlieben, wollte ich einen Bittgang zu einer weit entfernten Kirche unternehmen, und zum Zeichen besonderer Dringlichkeit wollte ich mit Erbsen in den Schuhen gehen. Trockenerbsen erschienen mir eher was für Fortgeschrittene, daher schüttete ich mir Tiefkühlerbsen in die Schuhe, was anfangs unangenehm war, aber dann zunehmend einfacher wurde. Dafür quälte mich den ganzen Weg über die Frage, ob das geschummelt war oder nicht und ob Gott die Tiefkühlerbsen akzeptieren würde. Er tat es, denn der Angeschwärmte tanzte schon eine Woche später mit mir auf einer Schülerparty, stellte sich aber als strunzblöd heraus. Ich bekam also, was ich wollte, und dann auch wieder nicht, was bestimmt mit den Tiefkühlerbsen zusammenhing. Erbsen, lernte ich im Biologieunterricht, sind autogam. Sie brauchen niemanden. Sie heiraten sich selbst. Das kam mir vernünftig und sehr tröstlich vor. Wir zogen im Klassenzimmer Erbsen auf den Fensterbänken, und den ganzen Sommer lang erfüllte der Geruch der Erbsenblüten den Raum. Bis heute versuche ich immer wieder, diesen Geruch zu erhaschen, und säe süße Erbsen in Balkonkästen, die nie etwas werden. Ab und zu gibt es sie aber bei der Blumenhändlerin, ich stecke dann tief den Kopf in die Blüten und atme diesen süßen und gleichzeitig harschen Geruch ein, der mich an Bittgänge und süße Erbsensuppe mit Schinken erinnert.

EIN HIRN FÜR JEDES KIND

Auf meinem Schreibtisch steht das medizinische Modell eines menschlichen Gehirns, und wenn mir nichts mehr einfällt, staune ich über diese seltsamen Windungen, die in ihrer Struktur an einen aufgeschnittenen Rotkohl erinnern und in denen all unsere Ideen über Gott und die Welt verborgen sind – und die tägliche Frage, was wir kochen sollen. Das hat viel mit der Vorstellung zu tun: Was kann sich mein Hirn als mögliche Speise vorstellen, und was akzeptiert es nicht? Meines zum Beispiel akzeptiert kein Hirn. Ich esse fast alles – außer Hirn. Ein einziges Mal in meinem Leben habe ich Hirn gegessen, oder eher nicht gegessen, bis heute spüre ich eine butterweiche, scheußliche Masse auf der Zunge. Jede Familie hat ihre Essgeschichten: ihr Lieblingsessen, verhasstes Essen, ihre Fest- und Urlaubsessen. Eins der schönsten Dinge am Sommerurlaub in Italien war für uns Kinder das Essen. Morgens zogen wir los und übten im Singsang bis zur Bäckerei die Worte: *sei panini grandi,* aus Angst, sie sonst zu vergessen. Die Panini waren so anders als unsere Brötchen, größer und fluffig, dazu gab es unschlagbar köstliche Aprikosenmarmelade. Und erst die Spaghetti, die wir in meiner Erinnerung von morgens bis abends aßen! Nichts war herrlicher, als ermattet und ausgehungert von einem Tag am Strand, noch voller Salzwasser, das einem aus den Ohren herauslief, eine riesige Portion Spaghetti zu vertilgen, die hier so viel besser schmeckten als in Hannover. Wenn der Abschied nahte, nahmen wir nicht nur traurigen Abschied vom Meer, sondern auch von dem Essen, das die genau richtige Portion an Fremdheit besaß. Einmal, auf der Heimfahrt, bei einem Zwischenstopp in den Alpen, gab es als Hotel-Kindermenü etwas für uns völlig Fremdes: Kalbshirn. Fotografisch genau erinnere ich mich an die Platte mit Silberhaube, die herangeschwebt kam, an das dramatische Lüpfen der Haube – und die grauen Häufchen, die dort lagen, für jedes Kind eins. Wir schrien iiii und ooooh und mochten es auf keinen Fall anrühren, denn allein die Vorstellung verschlug uns den Appetit. Wir mussten es auch nicht aufessen, aber allen ist es in unvergessener, wenn auch unterschiedlicher Erinnerung. Gab es wirklich vier Kalbshirne für vier Kinder? Dachten wir, wir würden kalbsähnlich durch das Verspeisen eines Kalbsbrägen? (Brägen hieß bei uns der dumme Kopf, in den zum Beispiel das Einmaleins nicht Einzug halten wollte.) Und was hatte das Kalb wohl mit seinem kleinen, grauen Hirn gedacht? Ganz sicher nicht, dass es irgendwann vor uns auf dem Teller liegen würde! Und wenn wir uns vor Kalbshirn ekelten, ekelten sich die Kalbshirn-Fans vielleicht vor Spaghetti? Fremdes Essen spielt in vielen Geschichten eine große Rolle. Als Mutprobe, als Hexenspeise oder Wundermahl, als Zeichen, die bekannte Welt zu verlassen und sich dem Unbekannten zu öffnen. Das Hirn, das keiner von uns essen mochte, dachte sich über unsere Ignoranz seinen Teil. Ich habe nie wieder Hirn probiert. Vielleicht ein Fehler. Neulich stieß ich auf das Rezept »Falsches Hirn« aus gebratener Leberwurst und Eiern. Wer hat sich das nur ausgedacht?

EIN KÖRNCHEN TOLERANZ

Ein altes Kölner Karnevalslied fängt so an: Sie will ja, sie will ja, sie will ja nach Sevilla … Wir scheinen die Aussprache des spanischen »ll« von diesem Lied gelernt zu haben, beharrlich sagen wir Sevilja und Paelja. Die Paelja also, die der Deutsche fast so gern in Spanien bestellt wie Sangria, weil sie wirklich überall auf der Karte steht, ist eine eher mühsame Angelegenheit. Man kann sie nur ab zwei Personen bestellen, was ja schon ein Hindernis darstellen kann. Und dann wartet man ewig, aber die Vorfreude ist oft das Schönste, bis die riesengroße runde Pfanne mit dem gelben Reis auf den Tisch gehievt wird und man ein wenig misstrauisch begutachtet, was sich auf und unter dem Reis verbirgt und nach unseren Vorstellungen doch so wenig zusammengehört: Huhn und Muscheln, Scampi, Kaninchen und Fisch. Oft ist der Geschmack eher enttäuschend: der Reis halbgar, die Scampi müffeln schon ein bisschen, an den Kaninchenknochen nur wenig Fleisch, die Miesmuscheln generell verdächtig. Diese *»paella mixta«* nennen die Valencianer, aus deren Region die Paella ursprünglich stammt und wo sie nur mit Fleisch zubereitet wird, »Touristen-Paella«. Das ist uns egal, hartnäckig bestellen wir immer wieder unsere Paelja in der Hoffnung, doch einmal eine gute zu erwischen – denn wenn sie gut ist, ist sie umwerfend gut. Da ist dann unten am Reis vorschriftsmäßig die Kruste, die nur entsteht, wenn sie geduldig lange auf dem Feuer stehen bleibt, der Reis ist narzissengelb, weil wirklich Safran ihn gefärbt hat und nicht billiger Kurkuma. Um ein Kilo Safran zu gewinnen, braucht man ungefähr 200 000 Blüten, sie können nur per Hand gepflückt werden, und am Tag schafft man allerhöchstens 80 Gramm. Kein Wunder also, dass Safran teuer ist. Im Mittelalter hat man noch gewusst, wie man von Safran high werden kann. Man hat ihn in Wasser aufgelöst getrunken und sich dann Berichten zufolge totgelacht. Paella und Safran und Lachen gehören also zusammen, aber was high macht, ist vielleicht eher, dass man sie niemals allein isst, dass man stundenlang zusammen am Tisch sitzt, am liebsten den ganzen Nachmittag, nur nie abends, weil sie dafür zu schwer ist.

Wenn man die großen Familien in Spanien am Wochenende beobachtet, die stundenlang zusammensitzen und essen und quatschen und lachen und streiten, bekommt man ein Gefühl dafür, was wir zu verlieren drohen oder schon verloren haben. Natürlich starren in Spanien die Jungen auch auf ihre Smartphones, aber da sie am Tisch sitzen bleiben müssen, schnappen sie doch die Geschichten auf über die schöne Tante, die schon wieder einen Neuen hat, und über den alten Vetter, der endlich sein Coming-out hatte, und die Großmutter mütterlicherseits, die mit dem Gewehr in der Hand auf der Seite der Anarchisten gekämpft hat, und über den Großvater väterlicherseits, der ein verdammter Franco-Anhänger war … Man kann gar nicht anders, als das komplizierte Geflecht aus privaten und politischen Geschichten aufzunehmen, die Ambivalenz des Menschen zu begreifen und als einzigen Ausweg aus all dem unordentlichen Schlamassel die Toleranz zu wählen. Meine Theorie ist, dass es gefährlich ist, wenn wir nicht mehr regelmäßig in großen Runden essen und unsere Geschichten erzählen und hören. Es macht uns auf jeden Fall nicht gerade toleranter, und als weitere negative Begleiterscheinung verkümmert unsere Fähigkeit zu erzählen. Vielleicht ist es kein Zufall, dass Spanien toleranter mit Fremden umgeht als fast jedes andere europäische Land. Vielleicht liegt es an der Paella. Ich will ja, ich will ja, ich will ja nach Sevilla.

LIEBLING LINDA

Seltsam, dass man eine Kartoffel vermissen kann. Die kleine, hübsche, feste Linda, die perfekte Salatkartoffel, verschwand eines Tages. 2004 wurde Linda von der Firma Europlant der Sortenschutz und damit so etwas wie die Aufenthaltsgenehmigung in Deutschland entzogen. Damit sollte verhindert werden, dass mit einem Mal jeder Linda hätte anbauen können – und so gab es Linda einfach nicht mehr. Gehörte Linda nicht uns allen? Wie konnte es sein, dass eine Firma meine Linda einfach verschwinden lassen konnte? Es gab eine Gruppe »Rettet die Linda«, aber auch sie hatte keinen Erfolg. Ich habe mich gefragt, ob Linda nun in einem dunklen Kartoffelkeller saß und im Schatten der Nacht und aus bleichen Trieben vor sich hin weinte? (Nachtschattengewächs – was für ein schönes Wort!) Ich vermisste meine Linda sehr, denn nur mit ihr gelingt meiner Meinung nach der perfekte Kartoffelsalat: als Pellkartoffeln nicht zu lange kochen, vorsichtig abpellen, in dünne Scheiben schneiden. Mit feingeschnittenen Zwiebeln, Öl, Essig und Salz vermischen, dabei nicht die Kartoffelscheiben zerquetschen! Ziehen lassen. Eventuell nachsalzen. Fertig. Jetzt gibt es natürlich jede Menge Einwände: Ein perfekter Kartoffelsalat braucht Speck oder Gürkchen oder Mayonnaise oder alles zusammen, die Scheiben müssen dick sein, mehlig und was weiß ich nicht alles. Nein und noch mal nein. Wahre Stammesfehden kann man in Deutschland mit verschiedenen Kartoffelsalat-Überzeugungen anfachen. Wir sind nun mal die Kartoffelfresser, die *»potatoe heads«*, eine Diskussion um den perfekten Kartoffelsalat lässt uns sofort das Blut zu Kopf steigen. In Bayern, finde ich, gibt es einfach keine guten Kartoffeln. Alle zu groß und zu mehlig. Keine Linda. Kein perfekter Kartoffelsalat.

Eine ökologische Kartoffelbauern-Kooperative in Bhutan, die auch eine Reiseagentur betreibt, hatte mich letztes Jahr eingeladen, einen Schreibworkshop zu unterrichten, weil Kartoffeln und Kultur zusammengehören. Logisch, denn wer immer die Idee hatte, eine ungenießbare Knolle in kochendes Wasser zu legen, läutete mit dem Übergang vom Rohen zum Gekochten einen fundamentalen Wandel in Lebensart und Kultur ein. Die Kooperative in Bhutan stellt Kartoffelchips her, die sie *»happy chips«* tauften. Staunend fuhr ich durch dieses sehr besondere kleine Land und übernachtete auf einem Bauernhof, wo die Bäuerin mich persönlich bekochte.

Ich erwartete Exotisches – und bekam einen Kartoffelsalat serviert. Und dieser war – wie soll ich es anders sagen? – perfekt. Jetzt wusste ich, was mit Linda passiert war: Sie war reinkarniert. In Bhutan. Inzwischen gibt es sie auch wieder bei uns. Europlant hatte ein Einsehen. Liebling Linda wird wieder angebaut. Manchmal gibt es ein Happy End. Aber es bleibt die Frage: Wem gehört unser Gemüse?

NO MILK TODAY

Ich sitze gern neben Kühen auf der Weide und höre ihnen zu, ihrem Schnauben und Schnaufen, Malmen und ihren abgrundtiefen Seufzern. Vielleicht seufzen sie, weil es so mühsam ist, grünes Gras in diese pure, weiße, seidene Flüssigkeit zu verwandeln, vielleicht aber, weil die Milch eine so komplexe Angelegenheit geworden ist.

Als Kind wurde ich noch mit der Milchkanne zum Milchladen geschickt. Aus einem Hahn schoss die Milch in einem breiten Strahl in die Kanne, und der Kick bestand darin, die volle Milchkanne so zu schlenkern, dass keine Milch verschüttet wurde. Eigentlich mochte ich keine Milch, außer als Kakao. Meine Großmutter schmierte uns die schrumpelige Haut der Milch aufs Brot und behauptete, es sei eine Delikatesse. Meine Mutter stellte kleine Schalen mit Milch auf die Fensterbank, und nach einem Tag war daraus Stippmilch geworden, die man mit Zucker und Zimt aß. Zur Geburt der Kinder bekam man einen Milchstein geschenkt, den man in den Milchtopf legte, um zu verhindern, dass die Milch überkochte. Die Rohmilch sollte man wegen der Krankheitserreger abkochen, in Amerika ist sie bis heute verboten. Dort lernte ich einen französischen Käseschmuggler kennen, der kofferweise Rohmilchkäse einführte und auf Hollywoodpartys teuer verkaufte. Jeder Amerikaner trank bis vor einigen Jahren unvorstellbar viel Milch. Wer keine Milch trank, konnte nicht groß und stark werden. Das glaubten auch wir – bis irgendwann ein langes neues Wort die Runde machte: Laktoseunverträglichkeit. Mit einem Mal hatte die fast jeder und stieg um auf Soja-, Mandel-, Kokos-, Hafermilch. Ich fand das lächerlich. Auch die Behauptung, der erwachsene Mensch vertrage gar keine Milch. Die Chinesen trinken jetzt Milch, weil es schick ist und weil sie auch groß und stark werden wollen, obwohl sie nachweislich keine Milch vertragen, denn in Asien hat fast jeder eine Laktoseunverträglichkeit. Buddha allerdings wurde, als er schon ganz krank und schwach war von zu viel Askese, von einer jungen Frau gerettet, die ihm eine Schale Milch gab.

Jetzt gibt es in China gigantische Kuhställe, Millionen von Kühen pupsen CO_2 in die Luft. Die Milch als globales Problem. Wir produzieren in Europa zu viel Milch und wollen nichts für sie zahlen. Die kleinen Milchbauern werden von den großen Molkereien ruiniert. Wir zerstören die Gesundheit der Milchkühe durch absurd hohe Milchleistung. Wir schicken sie nicht mehr auf die Weide, und unsere Landschaft verödet. Wir exportieren unsere Milch als Milchpulver und treiben die Milchwirtschaft anderer Länder in den Bankrott. *No milk today, my love has gone away* sang ich als Teenager. Inzwischen habe ich eine Laktoseunverträglichkeit. Ja, tatsächlich. Jahrelang hatte ich morgens immer Bauchweh. Seit ich die Milch im Kaffee weglasse, geht es mir gut. Aber ich vermisse die Milch. Ich sitze neben den Kühen im Gras, lasse mir ihre warmen Seufzer in den Nacken pusten und seufze mit ihnen. Muss denn alles so verdammt komplex werden? Selbst die Milch? *No milk today.*

HANDARBEIT

Freunde schwärmen seit einiger Zeit von ihrem neuen Universalwunderküchengerät, als seien sie bereits im Zustand des Nirwana. Sie brauchten NICHTS selbst zu machen, schwärmen sie, nie mehr selbst Hand anzulegen. Irre, murmele ich, Wahnsinn – aber eigentlich bestürzt es mich, dass sie nun nie mehr schnippeln, kneten, rühren, ausrollen, raspeln, rühren, wenden, zupfen, reiben, passieren usw. werden. Meine Hände, die sonst nicht viel mehr dürfen, als auf Computertasten zu hauen oder auf polierten Oberflächen hin und her zu wischen, können es (anders als der Rest von mir) oft kaum erwarten, in die Küche zu gehen. Sie stürzen sich auf alles, was sie in die Finger bekommen, am liebsten möchten sie jede Nudel einzeln ausrollen, Hunderte von Wan Tan formen, jede Beere einzeln auf den Teller zupfen. Sie hassen handarbeitsfreie Tage, an denen es zum Beispiel nur Spaghetti mit Sauce gibt. Statt tatenlos ihrer Besitzerin zuzusehen, genießen sie es, sieh tatkräftig in der Gegenwart aufzuhalten. Sie schwören auf die Maxime, dass es allein darum geht, tatsächlich die Karotte zu schneiden und sonst gar nichts. Sonst wirklich gar nichts. In einer Welt, die ständig von uns etwas anderes will, als dass wir mit unserem Körper in der Gegenwart anwesend sind, ist es eine große Erholung, wenn ich nur auf meine Hände und die Karotte achte. Ja, ja, natürlich ist das der alte Zen-Schmäh: Wenn du die Karotte schneidest, dann schneide nur die Karotte. Das wurde bereits in Thermomix-Vorzeiten formuliert, anscheinend war es da auch schon schwierig, nicht abgelenkt zu sein. Heute wird es zu einer regelrechten Entscheidung, die Karotte selbst zu schneiden. Hilfe. Noch eine Entscheidung mehr im Meer von Entscheidungen. Ständig sollen wir uns entscheiden, jede Entscheidung ist letzten Endes eine Entscheidung für den Konsum, auch den digitalen Konsum.

Konsumieren leitet sich vom lateinischen *consumere* ab und bedeutet interessanterweise verbrauchen, verschwenden, erschöpfen. Wir sind zu erschöpft, um zu kochen. Aber wenn meine Hände kochen dürfen, bekommen sie und damit ich wieder mehr Energie. Ich komme zurück in meinen Körper, der am Ende meine einzige verlässliche Verbindung zur Welt bedeutet. Wie riecht etwas? Wie schmeckt etwas? Wie fühlt es sich an? (Ganz nebenbei: Mit einer Himbeere über die Wange zu streichen fühlt sich an wie ein samtenes Pferdemaul. Probieren Sie's aus!) Frei zu sein von Handarbeit ist immer noch unser Traum, als müssten wir alle als Maurer schuften oder dreimal am Tag eine Großfamilie bekochen. Unser Leben ist nicht mehr so. Zum Glück. Aber ganz ohne Handarbeit werden wir nicht unbedingt freier. Die Karotte, die ich selbst schnipple, hält mich davon ab, mit meinem Daumen über endlose Welten auf Bildschirmen zu streichen, die wie ein unablässiger Traum an mir vorbeiziehen, ohne dass ich jemals in meinem eigenen Leben ankomme. In der Küche anzukommen klingt nicht besonders glamourös und nicht unbedingt nach Traumurlaub. Aber tatsächlich in meinem eigenen Leben samt Karotte anwesend zu sein ist ein ziemlicher Trip.

EIN QUANTUM TROST

Deutschland liegt mit zwölf Kilo verspeister Schokolade pro Kopf im Jahr an der Spitze des weltweiten Schokoladenkonsums, und daran ist allein mein Vater schuld. Er isst mehr Schokolade als jeder andere Mensch auf der Welt. Schokolade nach dem Mittagessen und Schokolade nach dem Abendessen. Nicht ein lächerliches Stückchen oder einen Riegel, sondern ganze Tafeln. Immer schwarz. Schokolade wurde nach jedem Essen ausgeteilt wie überlebenswichtige Medizin. Ich bin mit Herrenschokolade groß geworden wie andere mit Muttermilch. Warum heißt schwarze Schokolade Herrenschokolade? Weil Herren bitter sind und Damen süß? Ich habe keine Ahnung, aber auf jeden Fall kann ich Milchschokolade nicht ausstehen. Und schwarze Schokolade soll ja auch so viel gesünder sein. Wie abhängig ich von meiner täglichen Ration Schokolade bin, merke ich besonders in Ländern, wo kaum Schokolade gegessen wird, wie zum Beispiel in China. Die Chinesen verzehren lächerliche 200 Gramm pro Kopf im Jahr. Ihnen fehlt einfach mein Vater.

Besonders schmerzhaft habe ich allerdings meine Schokoladensucht festgestellt, als ich einen Film in einem Zen-Kloster in Japan gedreht habe. Wir hatten dem Abt versprochen, während der Drehzeit das Kloster nicht zu verlassen und auch sonst alle Regeln zu befolgen: Meditation und Sutrensingen um drei Uhr früh, stundenlanges Putzen (Putzen!), endlose Teezeremonien, Barfußlaufen bei eisiger Kälte, meditatives Waldfegen, nichts als Reisbrei und nur einmal in der Woche ein heißes Bad. Das war alles recht hart, aber am schwersten fiel mir, auf Kaffee und Schokolade zu verzichten. An Kaffee heranzukommen war undenkbar, aber unser Produzent, der aus guten Gründen nicht mit ins Kloster eingezogen war, sondern in einem Sushi-Restaurant Quartier bezogen hatte, kam jeden Abend in der Dunkelheit an die Klostermauer, wir gaben ihm das Filmmaterial, und er reichte uns Schokolade herüber. Es war immer die gleiche Schachtel mit Mandeln in Milchschokolade, aber darüber meckerte ich nicht. Jeden Abend lag ich auf meinem brettharten Futon, sah meinem Atem zu, der in kleinen Wölkchen in die eiskalte Luft davonsegelte, und lutschte achtsam und total im Hier und Jetzt die Schokolade von jeder Mandel, bis die

Schachtel leer war. Und es versöhnte mich. Mit fast allem. Selbst mit der gellenden Glocke, mit der wir pünktlich um 2.30 Uhr in der Früh geweckt und zur Meditation gescheucht wurden. Die Aussicht auf die Schokoladenpackung am Abend ließ mich durchhalten. Manchmal tröstet die Schokolade über erlittene Unbill hinweg, über Pleiten, Scheitern, Kummer, aber ich finde, man kann sie auch als Trost auf Vorrat essen. Und dann sind dem Verzehr eigentlich keine Grenzen mehr gesetzt – ausgenommen die vielen Kalorien, bestimmte Marken, die man aus politischen Gründen meiden sollte, weil sie Kinder bei der Arbeit einsetzen und in riesigen Kakaoplantagen die Umwelt zerstören. Nichts ist mehr einfach, noch nicht einmal das Essen von Schokolade. Also vielleicht doch nur ein Stückchen, ein kleines Stückchen. Und nur Herrenschokolade natürlich.

VON KOHL ZU KALE

Kaum etwas ist so deutsch wie Kohl, und ganz früher müffelten besonders im Winter unsere Häuser danach. Ich konnte den Geruch nicht ausstehen, er erinnerte an das dumpfig-dampfige Eingesperrtsein in der kalten Jahreszeit, an feuchte Wollsocken, beschlagene Fenster und die Sehnsucht nach helleren und frischeren Zeiten. Besonders übel war Grünkohl, der schleimig vor sich hin faulte, wenn er Frost abbekommen hatte, die Steigerung Grünkohl und Pinkel, was viele im Norden zwar lieben, ich aber als Kind nicht nur kulinarisch, sondern auch optisch als Affront empfand.

Außer Kohlrouladen fällt mir kein Gericht mit Kohl ein, das ich mochte, und wenn es die gab, konnte man sie schon von weitem riechen. Als dann immer mehr frisches Obst und Gemüse auch im Winter in die Läden kam, verschwand in Deutschland dieser Geruch, aber in Peking überfiel er mich unverhofft wieder, wo riesige Kohlhalden im Winter auf dem Balkon gelagert werden, der sogenannte Chinakohl. Überall auf den Märkten schier unüberwindliche Berge von Kohl, die eiskalten Landstriche in Zentralchina verwandeln sich im Winter in eine Art Kohl-Andachtsgebiet, nur übertroffen von Korea, wo jeder glaubt, dass es ohne Kimchi kein Leben auf diesem oder irgendeinem anderen Planeten geben kann. Das geht seit fast dreitausend Jahren so. Jüngst wurde Kimchi zum koreanischen Kulturgut erhoben, jede Familie hat ihr überliefertes Rezept, und gemeinsam Kimchi herzustellen bringt »Jeong« hervor, was Liebe, Gefühl, Sympathie, Teilen und Menschsein bedeutet. Vielleicht ein Rezept für politische Spannungen? Einfach mal zusammen Kimchi herstellen. Die Riesensauerei mit roter scharfer Paprika macht auch noch Spaß, so ähnlich wie Fingerfarbenmalen im Kindergarten, und gleichzeitig kapieren wir vielleicht durch den erstaunlichen Verwandlungsprozess der Gärung, dass Bakterien sehr viel mächtiger sind als wir. Was lange gärt, wird endlich gut, denn im Kimchi verdoppeln sich tatsächlich die Vitamine von Woche zu Woche, ein gutes Kimchi ist also nahezu unschlagbar.

Seit einiger Zeit kann man auf Netflix eine koreanische Zen-Nonne dabei beobachten, wie sie total entspannt im Hier und Jetzt in großen irdenen Töpfen ihr eigenes Kimchi herstellt. Genauso philosophisch und entspannt könnten wir dem Universum bei der Arbeit zuschauen, wenn wir Sauerkraut zubereiten würden, was im Prinzip genau das Gleiche ist, nur nicht so mega angesagt wie Kimchi. Wir könnten einen Rotkohl in der Mitte durchschneiden und die verwirrend schöne lila-weiße Farbgebung studieren, die uns einiges über Fraktale und die Chaostheorie näherbringen könnte. Und unser stinkiger alter Grünkohl begegnet uns jetzt als ultrahipper »Kale« wieder, der in Kalifornien als Wonderfood zu absurd teuren Kale-Chips und Kale-Smoothies verarbeitet wird.

Alles Kohl von gestern – oder Zen, Chaos und das Wunder im Kohl. Ich esse ihn jetzt sogar richtig gern. Prinz Philip soll seine Frau, die Königin von England, zärtlich »Cabbage« nennen – ein liebevolleres Kompliment ist fast nicht vorstellbar, oder?

PHILOSOPHISCHE PUFFER

Ich finde es immer wieder faszinierend, wie ein und dasselbe Gericht in unterschiedlichen Variationen und unter anderem Namen in der ganzen Welt zu finden ist. In meiner Kindheit gab es Kartoffelpuffer, die, wenn ich mich richtig erinnere, nicht frisch gerieben wurden, sondern aus der Pfanni-Packung kamen. Von uns Kindern wurden sie so heiß geliebt, dass meine Mutter gar nicht so schnell Puffer braten konnten, wie wir sie verschlangen. Später gerieten sie bei mir ins diätische Abseits, weil sie ja doch ziemlich fett sind. In Bayern heißen sie Reiberdatschi, sie stehen in den Wirtshäusern auf der Karte, und es gibt sie auf Weihnachtsmärkten, aber ich verkniff sie mir, bis ich mich in einem Winterurlaub in der Schweiz unsterblich in Rösti verliebte, die ich auf Grund der Bergluft vielleicht viel gesünder fand als Kartoffelpuffer. Ich erstand eine Original-Röstireibe und -Röstipfanne und experimentierte zu Hause mit Mischungen aus gekochten und rohen Kartoffeln, lernte, die Rösti auf gar keinen Fall zu früh zu wenden und natürlich niemals ein Ei darunter zu mischen. In den USA liefen mir die Rösti als Hash Browns über den Weg, und beim jüdischen Lichterfest Hanukkah lernte ich Latkes kennen, das traditionelle Festessen. Latkes bestehen aus rohen Kartoffeln, Zwiebel, Ei und, wie ich meine, ein wenig bayerischen Semmelbröseln. Das allerdings wird heftig diskutiert: Manche schwören auf Kartoffelmehl, andere auf Matzebrösel oder Matzemehl oder auf das Stärkewasser der ausgepressten geraspelten Kartoffeln. Egal wie – in viel Öl gebraten schmecken die knusprigen Latkes, mit saurer Sahne oder Apfelmus serviert, einfach umwerfend. In der Diskussion um die korrekten Brösel stieß ich im Netz auf eine herrlich verrückte Veranstaltung, in der vornehmlich jüdische Professor*innen das Klischee der eigenen Diskussionswut auf die Schippe nehmen. Jedes Jahr findet an einer amerikanischen Uni die »Latkes-Hamantaschen-Debatte« statt, in der Akademiker*innen – unter ihnen viele Nobelpreisgewinner*innen – mit wissenschaftlichem Furor und viel Humor die Vorzüge von Latkes oder Hamantaschen diskutieren. Hamantaschen sind mit Pflaumenmus gefüllte Hefetaschen, die traditionell an Purim gegessen werden. Die Debatte gibt es seit 1946, einen Gewinner der

Debatte gibt es nie, trotz so überzeugender Vorträge wie zum Beispiel von einem Physikprofessor: *Latkes und die Geschichte der Wissenschaft: Wie sonst hätte Kepler die Ellipsenform der Planetenbahnen um die Sonne entdecken können, wenn nicht durch die tiefe Kontemplation eines gut gebratenen Latke?* Oder: *»Die Apotheose des Latke«* einer Philosophin, die argumentiert, dass »Platons Dialoge« ursprünglich »Platons Dialatkes« geheißen haben. Und letztes Jahr hieß ein Vortrag: *»Wie der Latke unseren Planeten, unsere Gesellschaft und unser Hirn zerstört und wie Hamantaschen uns retten können«*. Alles nachzuschauen auf Youtube. Am besten, während man dazu einen großen Teller Kartoffelpuffer / Reiberdatschi / Rösti / Latkes isst.

VON HÜHNERN UND MENSCHEN

Wenn ich so mein Frühstücksei betrachte, stellt sich die Frage, wie das Huhn, das das Ei gelegt hat, wohl lebt. »Ich wollt', ich wär' ein Huhn, ich hätt' nicht viel zu tun, ich legte jeden Tag ein Ei und sonntags sogar zwei«, sang mein Vater unter der Dusche. Ich höre die Hühner Deutschlands unisono und sehr tief seufzen. Das Leben eines Huhns ist grässlich, seit wir beschlossen haben, nicht wissen zu wollen, wie es lebt. Selbst das »Biohuhn« hat es nicht viel besser. Wieso finden wir uns seit Jahrzehnten mit Legebatterien und Kükenschreddern ab? Was ist los mit uns? Sind wir noch bei Trost?

Ein Ei ist ein Wunder. Es gibt kaum ein so perfektes Lebensmittel wie das Ei. Verpackung samt Inhalt. Und es beschert einem noch dazu einen ziemlich verlässlichen Charaktertest, um z.B. eine neue Liebe einzuschätzen: Wie isst sie/er sein/ihr Ei? Fest gekocht oder weich? Festkocher haben Angst vorm Risiko. Lieber zehn Minuten kochen als riskieren, dass das Ei am Ende noch ein wenig flüssig ist. Die Weichkocher können sehr empfindlich sein mit Hang zur Pedanterie. »Ich hab' doch vier Minuten gesagt und nicht viereinhalb!« Wer erinnert sich nicht an Loriots berühmte Szene mit dem Ei? Also, früh aufpassen: Wer köpft sein Ei? Wer klopft es? Die Köpfer sind entschlossen, aber auch etwas rücksichtslos. Die Klopfer dagegen eher zögerlich, vielleicht auch feige?

Bei Spiegeleiern gibt es die Langbrater und Kurzbrater. Die Langbrater sind geduldig, denn es verwundert doch jedes Mal wieder, wie lange ein Spiegelei braucht, um an den Rändern richtig braun zu werden. Die Kurzbrater schnell gestresst. Rührei kann leicht in einen Glaubenskrieg ausarten: mit Milch? Ohne? Mit Sprudelwasser? Sahne? Schaumig geschlagen? Oder glatt? Und dann die wichtige Frage: Wie feucht oder trocken soll es sein?

Zu meinen schönsten Kindheitsmomenten gehörte, wenn meine Mutter mir nach der Schule ein Rührei machte, mit Butter natürlich. Die war damals noch unschuldig, und jetzt ist sie es zum Glück wieder, nachdem sie lange in der Ecke stehen musste, als hätte sie etwas verbrochen. Meine Mutter beherrschte das perfekte Rührei: noch leicht feucht, cremig, aber nicht zu schaumig.

In Amerika klingen Bestellungen für Spiegeleier

wie Filmtitel: *»Eggs over easy«* oder *»Sunny side up«*. Das braucht man an trüben Tagen: die Sonnenseite bitte oben. Schon ist man glücklich.

Mit einem zeitweise glücklichen Huhn habe ich einmal einen ganzen Winter verbracht. Es war braun und hieß deshalb Brownie. Als es im Winter im Hühnerstall zu kalt wurde, nahm ich es mit ins Haus, legte alles mit Zeitungspapier aus, und von da an saß Brownie abends neben mir auf der Couch und sah fern. Ab und zu gluckte Brownie zustimmend. Actionfilme mochte die Henne nicht, ansonsten habe ich selten eine geduldigere Zuschauerin erlebt. Sie legte nicht jeden Tag ein Ei, geschweige denn sonntags zwei. Manchmal schenkte sie mir aber ganz überraschend ein Ei wie eine besondere Geste: Hier, für dich. Nur für dich. Als sie mit einem Mal damit aufhörte, nahm ich es persönlich. Hatte ich etwas Falsches gesagt oder getan? Die Bäuerin von nebenan befand, das Huhn sei »glucksch« und lege deshalb nicht mehr. Ich folgerte, Brownie sei nicht mehr glücklich, sondern trübsinnig. Die Bäuerin steckte mein Huhn kurzerhand in einen Eimer mit kaltem Wasser. Die Therapie half. Brownie legte wieder Eier. Ich verstand Brownie, manchmal bin ich auch glucksch. Sogar ziemlich. Dann mag ich einfach nicht mehr. Jetzt weiß ich: Kalt duschen hilft.

EINE FRAGE DER HALTUNG

Ich war nie eine Teetrinkerin, bis ich nach Japan kam. In der Sommerhitze zum Umfallen erschöpft, rettete mich immer wieder eine Tasse grüner Tee wie ein Zaubertrank. Dieser Duft, diese unvergleichliche Farbe! Ich trank so viel Tee, dass ich so gut wie gar nicht mehr schlafen musste – oder konnte –, und kaum zurück in München, gab ich mächtig damit an, dass ich Genmaicha, Sencha und Matcha auseinanderhalten konnte. Ich erinnerte mich voller Wonne und Sehnsucht an versteckte Teehäuser in Bambuswäldern, wo alte Damen gekonnt den kleinen Bambusbesen für den perfekten Schaum im Matcha schwangen, den sie in berückend schönen Teeschalen servierten, in denen zu allem Überfluss auch manchmal noch ein Goldblättchen schwamm. Die Teekultur Japans beschreibt ein ganzes Universum, das man kaum jemals endgültig ergründen kann, und sie ist, könnte man meinen, fast darauf angelegt, den Fremden draußen zu halten. Zum Beispiel mit der Teezeremonie: In ihr soll die Flüchtigkeit und Vergänglichkeit unseres Seins vergegenwärtigt werden, unsere Zeit verrinnt, es gibt kein Entrinnen, nur im achtsam erlebten Augenblick liegt Erkenntnis. So weit die Theorie. Als wir uns zu den Dreharbeiten für den Film *Erleuchtung garantiert* in einem Zen-Kloster aufhielten, wurden wir eines Tages nach der Morgenmeditation (die um drei Uhr nachts begann!) von der Ankündigung überrascht, es gebe heute eine Teezeremonie. In Vorfreude auf eine heiße Tasse Tee im eiskalten Kloster ließen wir uns bequem auf unseren Sitzkissen nieder, worauf wir sofort streng ermahnt wurden, uns gefälligst ordentlich auf die Knie zu setzen, in den Seiza-Sitz, der mir nach nur fünf Minuten höllische Schmerzen bereitete. Die Teezeremonie, die in Wirklichkeit keine Zeremonie ist, sondern einen Lebensweg illustriert, dauert zwischen einer und sechs Stunden und soll die Teilnehmer die Enge von Raum und Zeit vergessen lassen und zu entspannter Heiterkeit führen. Oder heiterer Entspanntheit. Am besten zu beidem. Für mich völlig undenkbar. Nie war ich weiter vom Ziel entfernt, innere Stille und Gelassenheit zu erreichen. Von Sekunde zu Sekunde wollte ich aufspringen, mich wie eine Dreijährige auf die Tatamis werfen und brüllen: Wann bekomme ich meinen verdammten Tee? Und wann darf ich ihn austrinken, damit bitte, bitte Schluss ist mit dieser Höllenqual? Endlos langsam vollführte der Teemeister in abgezirkelten, sorgsam choreographierten Bewegungen seine Kunst, die ich als reine Folter empfand, und als ich endlich, endlich die winzige Tasse Tee an die Lippen setzen durfte, war ich so erschöpft von meinen Schmerzen, meiner Ungeduld und Wut, dass ich gar nichts mehr schmecken konnte.

Von da an fürchtete ich jeden Morgen, eine weitere Teezeremonie stünde ins Haus, und ich habe seitdem einen großen Bogen um Einladungen zu einer solchen gemacht. Und dennoch: Bis heute trinke ich eine Tasse grünen Tee mit deutlich mehr Aufmerksamkeit als eine Tasse Kaffee und freu mich, dass ich dabei nicht knien muss.

FLOSSEN WEG!

Manchmal habe ich die Vision, dass nach meinem Tod all die Tiere, die ich mein Leben lang verspeist habe, vor mir stehen und mich vorwurfsvoll ansehen: all die Hühner, Gänse, Enten, Rinder und Schweine, ein Stubenküken aus der Schweiz, ein paar sehr vorwurfsvolle Zikaden aus Mexiko, Ameisen und Würmer, eine Schlange aus Vietnam, Kaninchen, Lämmer, ein Känguru, sogar ein Vogel Strauß, Hirsche, Rehe, ein Rentier, das mir in Finnland als Rentierbratwurst serviert wurde – und dann all die Muscheln, Scampi, Garnelen, Hummer und Fische. So viele Fische! Als Kind habe ich nie einen wirklichen Fisch auf meinem Teller gesehen – er kam immer als Fischstäbchen oder als Fischauflauf mit Kartoffelbrei und Sauerkraut auf den Tisch. Mein Vater liebte Sardellen, aber an einen größeren ganzen Fisch kann ich mich nicht erinnern. Auch Karpfen zu Weihnachten gab es bei uns nicht. Dafür kannte ich lebende Fische unter Wasser recht gut, denn mein Vater liebte das

Schnorcheln mit der ganzen Familie. Geplagt vom ständigen Geplapper seiner fünf Frauen war es unter Wasser so schön still mit uns allen, und so verbrachten wir ganze Sommerferien mit der Taucherbrille auf dem Kopf. Ich sah durchsichtige Krabben herumstolzieren, neugierige Fische, die mich beäugten und vorsichtig beknabberten, riesige Fischschwärme, die synchron und magisch ihre Richtung änderten, um mir auszuweichen. Aber so wunderbar diese Welt unter Wasser auch war – eine wirkliche Verbindung zu den Fischstäbchen auf meinem Teller zog ich nicht. Als Studentin liebte ich das »Schlemmerfilet«, was mir heute rätselhaft ist. Ich aß Stockfisch im Biergarten und Renken aus dem Starnberger See und später dann natürlich Sushi. All die Fische, die ihr Leben für mittelmäßige Sushi lassen müssen! All der Lachs auf Frühstücksbuffets, der Thunfisch in schaurigen Thunfischsalaten! Und ich hatte noch nie in meinem Leben einen Fisch geangelt. Das sollte sich während einer Amerikareise ändern, denn da machte ich mit Mann und Kind einen Ausflug auf eine winzige kanadische Insel mit Blockhütte, die als Angelparadies gilt. Wir wurden von hünenhaften Wildhütern dorthin gebracht, die uns dringend aufforderten, die Fischabfälle gesondert einzusammeln, um keine Bären anzulocken. Man gab uns einen *»fish priest«*, einen Holzhammer, mit dem die vielen Fische, die wir angeln würden, zu töten seien, und zeigte uns das Kanu, die Angel und die Köder. Und dann waren wir allein. Eine ganze Woche lang. Und wir fingen keinen einzigen Fisch. Sie sprangen vor uns aus dem Wasser, sahen uns an, grinsten uns an – aber bissen nicht an. Nie. Kein einziges Mal. Wir aßen eine Woche Reis und Bohnen, und eigentlich war ich ganz froh, dass ich keinem Fisch den Hammer auf den Kopf hauen musste. Als wir wieder abgeholt wurden, sollten wir unsere gesammelten Fischabfälle abgeben, und als wir nur eine leere Tüte vorzuweisen hatten, sah man uns verwirrt an. Wir hatten keinen einzigen Fisch gefangen? Das konnte doch nicht sein! Um unsere Schmach zu lindern, platzte ich heraus, dass wir aus religiösen Gründen keine Fische äßen. Die Wildhüter wirkten nun mitleidig. Kein einziges Mal habe ich den Fischpriester angewandt, werde ich den Fischen sagen, wenn sie mich so vorwurfsvoll ansehen. Sie werden seufzen, denn ich esse weiterhin Fisch – aber ich habe eine Fisch-App, kaufe Fisch nur noch mit Bio-Label, esse vorwiegend Süßwasserfische und Sushi (fast) nie mehr. Ob's hilft?

BELEUCHTERBROTZEIT

Ich freue mich schon sehr auf die Dreharbeiten zu meinem neuen Film, auf die Schauspieler, das Team, diese wunderbare Konzentration auf zutiefst unwichtige Dinge: Ist dieses rote Kleid wirklich das richtige Kostüm, oder sollte es lieber grün sein? Sollte der Schauspieler einen Drei- oder einen Zweitagebart tragen? Ist das der richtige Satz zur richtigen Zeit? Die richtige Kameraeinstellung? Aber wenn ich ganz ehrlich bin, freue ich mich auch sehr auf das große Fressen.

Das geht schon in der Früh mit Butterbrezen los, die ich mir in meinem normalen Leben meist verkneife. Kaum am Drehort angekommen, wartet dort in der Regel ein Cateringbus mit reizenden Cateringleuten, die die Verfressenheit von Filmteams zu ihrem Geschäft gemacht haben. Es gibt ein komplettes Frühstück und natürlich Kaffee. Was wäre ein Film ohne Kaffee? Undenkbar! In riesigen Thermoskannen schleppen wir ihn ständig mit uns herum, das Geräusch pffft, pffft, pfft, wenn man den Hebel runterdrückt und der Kaffee in wacklige Plastikbecher strömt, gehört für mich so sehr zu Dreharbeiten wie eisige Temperaturen und strömender Regen. Es regnet, schneit und stürmt eigentlich immer, und alle Menschen, die dort normalerweise wohnen, schwören, dass das Wetter ganz und gar ungewöhnlich sei. Weil man so viel friert, muss man sehr viel essen. Mittags hockt man in einem dampfigen Bus und haut wieder richtig rein. Ich bin es nicht gewohnt, mittags groß zu essen. Das Essen in der großen Gesellschaft eines Filmteams hat für mich etwas Hypnotisches. Man befindet sich außerhalb der übrigen, normalen Welt und versucht gleichzeitig, eine ganz eigene Welt zu erschaffen, die wiederum der übrigen Welt oft bis aufs Haar gleichen soll. Ich verfalle regelmäßig in eine höchst anstrengende Art Trance, und diese Trance braucht Futter. Am Nachmittag gibt es deshalb meist etwas Süßes. Gummibärchen, Snickers, Mars, Hanuta und Co. machen die Runde, einige Filmcaterer backen wunderbare Kuchen, die ich dankbar und stöhnend entgegennehme. Nach Drehschluss dann falle ich erschöpft mit den anderen in die nächste Kneipe, und weil ich mich schon so ans Essen gewöhnt habe, bestelle ich mir wenigstens noch ein paar Pommes frites oder eine Käseplatte.

Früher, als Filmcatering noch unbekannt war, gab es die sogenannte Beleuchterbrotzeit am Vormittag. Es wurde ein bisschen Geld eingesammelt, und die Beleuchter besorgten ein oft überwältigend feines Buffet am Drehort. Dazu gab es immer ein Bier, was ich zwar nicht trinken konnte, sonst wäre ich in Tiefschlaf verfallen, aber diese fünfzehn Minuten waren das höchste Glück. Später habe ich in Amerika ohne Erfolg versucht, einem amerikanischen Filmteam diesen Brauch beizubringen. Auch die sogenannte Schnapsklappe verstand man dort nicht. Sie bedeutet, dass, wenn die Filmklappe eine Zahl mit identischen Ziffern aufweist, derjenige, dessen Name beim Schlagen der Klappe gerufen wird, abends am Drehort einen Schnaps ausgeben muss. Dermaßen schnöde tat das aber niemand, sondern es wurden ganze Bars aufgebaut, komplizierte Drinks gemixt, Champagnergelage ausgegeben. Alles vorbei. Auch beim Film ist schon längst die Digitalisierung und nüchterne Effizienz eingezogen. Aber viel zu essen gibt es immer noch. Wunderbar. Wenn man nur nicht so frieren müsste.

TOFU IST TOFU

Tough men don't dance. Diese Ausrede kennen wir von Männern, die zu schüchtern zum Tanzen sind. Aber toughe Männer essen keinen Tofu? Tatsächlich kenne ich kaum einen Mann in Deutschland, der so richtig gern Tofu isst. Selbst vegane Männer nicht. Sie tun es aus Freundlichkeit, Höflichkeit, aus politischen Gründen, weil nun bald jeder verstanden hat, dass hoher Fleischkonsum den Weltuntergang beschleunigt, aber er ist ihnen nicht geheuer, irgendwie zu weich, zu weiblich, vielleicht haben sie auch nur Angst, dass er sie schwach machen könnte. Standhaft behaupten sie, er schmecke nach nasser Katze, Wischlappen oder Wollstrumpf.

Und leider haben sie da oft recht. Deutscher Tofu ist meist wenig kulinarisch, was wohl daran liegt, dass er in wenig Vielfalt angeboten wird und wir nicht wissen, was wir mit ihm anstellen sollen. In Asien weiß jedes Kind, dass Tofu pur nach nix schmeckt. Also doof. Da haben die Männer recht.

Aber da geht es ja erst los. Es ist höchste Zeit, den Tofu bei uns zu rehabilitieren, und damit meine ich nicht, dass er jetzt vorgeben soll, ein Wiener Schnitzel, eine Bratwurst oder Gyros zu sein. Das ist vielleicht nett gemeint, um unseren Männern, Söhnen und Geliebten Tofu unterzujubeln und nach dem Essen scheinheilig zu fragen: »Und? Wie hat es dir geschmeckt?« Um dann, wenn der Tofu-gefütterte Mann harmlos erwidert: »Jo, jo, ganz okay«, triumphierend aufzuheulen: »Das war TOFU!« Aber hat das schon mal geklappt? Nein, oder? Also: Entweder lernt man Tofu richtig zu würzen und zuzubereiten, oder man fährt gleich nach Kyoto in das schönste Tofu-Restaurant der Welt. Es liegt ein wenig versteckt in den Arashiyama-Bergen am jadegrünen Hozu-Fluss. Auf den ersten Blick ist es nur ein kleines Hexenhäuschen, aber es ist berühmt für seine Tofu-Küche, die hier an Ort und Stelle hergestellt wird. Man sitzt auf einer kleinen Holzveranda über dem Fluss, und als Vorspeise bekommt man Seidentofu, so weich und cremig wie Pudding, mit ein bisschen Salz und geriebenem Ingwer, gefolgt von verschiedenen Gemüsen auf Tofu-Blättern, die Yuba heißen und umwerfend fein schmecken, als Hauptgang dann herzhafte Suppe mit Tofu aus dem Tontopf und zum Abschluss Tofu-Eis, das so zart schmilzt wie das beste Joghurteis nicht. Tofu-Ekstase. Nichts schmeckt vergleichlich. Magisch. Danach will man eigentlich nur noch Tofu essen. Wenn das eingefleischte (!) Tofu-Feinde immer noch nicht überzeugt, hier ein Kommentar von Zen-Meister Dōgen Zenji aus dem 13. Jahrhundert: »Der Tofu-Macher denkt, Sojabohnen werden gekocht und werden zu Tofu. Es sieht so aus, als wären erst die Bohnen da und später der Tofu. Aber das ist eine Sichtweise von außen. Wenn man zum Tofu sagen würde: Dein früherer Körper waren harte Bohnen, und jetzt hast du einen weichen Körper, ganz anders als dein früherer Körper, würde der Tofu sagen: Blödsinn. Bohnen sind Bohnen, Tofu ist Tofu. Nicht ›dies‹ wird ›das‹, sondern es ist immer nur eins zu einer Zeit. Wende dieses Prinzip auf deinen Alltag an. Du kannst nichts werden. Nur sein. Von einem Augenblick zum nächsten. Kein Davor oder Danach. Immer nur, wie es ist.« – Alles klar? Der Tofu ist der Tofu. Der Mann ist der Mann. Die Frau die Frau. Guten Appetit. – Oje. Immer noch nicht überzeugt?

Dann noch ein Tofu-Rezept: Im Mixer ein halbes Päckchen Seidentofu und eine halbe Avocado vermischen. Aufs Gesicht schmieren. Nach zwanzig Minuten abwaschen. Staunen. Eine Haut wie ein Babypopo. Macht selbst toughe Tofu-Hasser weich.

SCHLAUER TINTENFISCH

Es tut mir wirklich leid, wenn ich Ihnen immer wieder ein Lebensmittel vermiese. Ich kann nichts dafür. Eine Information ereilt mich – und prompt bereue ich, etwas aus Ignoranz so lange gegessen zu haben. Jetzt also der Oktopus, Tintenfisch, Kalmar, Krake. Wer kennt schon genau den Unterschied, wenn er in frittierten Ringen auf den Tisch kommt, die ich heiß geliebt habe, auch wenn sie (zu) oft an gebratenen Gummi erinnern. Aber wenn sie knusprig und weich gleichzeitig nach Himmel und Meer schmecken, sind sie himmlisch.

Dann allerdings las ich mehr über sie. Sie sind alle Tintenfische, und der Oktopus ist der intelligenteste unter ihnen. Er hat acht Arme – einer davon ist sein »Lieblingsarm«. Er verändert bei Stress und psychischen Befindlichkeiten seine Farbe. Wenn er schlecht drauf ist – und kurz vor seinem Tod –, wird er ganz blass. Wenn er lustig und gut drauf ist, wechselt er dagegen im Minutentakt Farbe und Muster, ganz nach Hintergrund. Er langweilt sich ungern. Dann schraubt er lieber verschlossene Gläser so geschickt auf, dass man ihn sich als permanente Küchenhilfe wünscht. Er haut aus Aquarien ab und zwängt sich durch die engsten Türschlitze. Er erkennt Menschen und verteilt ganz klar Anti- und Sympathien. Aus purem Übermut sprüht er Freunden Wasser ins Gesicht. Als ich das las, war es um mich geschehen. Ich dachte, ich bin die Einzige, die als erwachsene Frau immer noch ab und zu den Mund voll Wasser nimmt und dem Nächsten eine Dusche verpasst. Ich könnte mich jedes Mal totlachen. Der Tintenfisch ist mein Gleichgesinnter! Er will nur spielen. Jetzt kann ich keinen Tintenfisch mehr essen. Wer spielt, hat bei mir immer gewonnen. Im Spiel liegt Schönheit. Wie die Spielenden verehre ich die, die Schönheit verbreiten, obwohl sie sinnlos ist und noch dazu viel Arbeit macht.

Zum Beispiel Menschen, die endlos lange kochen und dann auch noch die Teller so wunderhübsch garnieren, dass man sie unbedingt fotografieren und auf Instagram posten muss. Dort stolperte ich dann auch über den japanischen Kugelfisch. Der wühlt wie besessen und ohne sichtbaren Grund mit den Flossen im Sand herum, eine ganze Woche lang, 24 Stunden am Tag, und legt ein kompliziertes Muster an, eine Art Sandmandala von komplexer

Schönheit, das er am Ende auch noch mit Muscheln verziert. Nie, nie, nie könnte ich diesen Fisch essen. Das wäre fast so, als würde ich Michelangelo frittiert zum Abendessen verspeisen. Bei Tieren haben wir keinerlei Blick für ihre künstlerische Arbeit. Deshalb hat der Kugelfisch wohlwissend vorgesorgt. Sein Verzehr ist hochgiftig, und jedes Jahr sterben in Japan Menschen daran. In Restaurants allerdings gilt das Gericht aus seinem Fleisch, besonders der Leber, als Delikatesse. Es heißt Fugu, und man muss zwei Jahre als Koch in einem Fugu-Restaurant gelernt haben, bevor man eine Lizenz für die Zubereitung bekommt. Der Kugelfisch dachte sich, er sei relativ gut geschützt, aber er hat die Rechnung ohne den Menschen gemacht: Inzwischen gibt es Züchtungen ohne Gift. Armer Kugelfisch. Ich werde ihn trotzdem nicht essen. Wegen der sinnlosen Schönheit, für die er sich so viel Arbeit macht.

JAPANISCHES ASPIRIN

Gerade war ich wieder länger in Japan und habe die Fortsetzung zu meinem Film *Kirschblüten* gedreht, und sosehr ich Onigiri, die Reisbällchen, liebe und natürlich Sushi und Nudelsuppen, sehne ich mich nach spätestens vier Wochen doch nach den gewohnten Geschmäckern meiner Heimat. Seltsam, wie einen die Essgewohnheiten einholen.

Nun findet man in Tokio in den Feinschmeckerabteilungen der großen Kaufhäuser wirklich alles, was es auf der Welt an Lebensmitteln gibt, aber das hat fast musealen Charakter, weil es so erlesen und sündhaft teuer ist. An jeder Straßenecke haben dafür die 24-Stunden-Läden, die sogenannten Konbinis, die Grundversorgung übernommen. Dort bekommt der geplagte Arbeitsmensch nach seinem für deutsche Verhältnisse gemein langen Bürotag, was er unbedingt braucht: ein frisches Oberhemd und Seidenstrümpfe, Deo, kalten grünen Tee und Mikrowellenmahlzeiten, Ladekabel, Pornos oder

Katzen-Mangas, Vitamindrinks, im Sommer duftende Erfrischungspflaster, die man sich auf die Beine kleben kann, im Winter Handschuhe mit handykompatiblen Fingerkuppen, Schokolade mit Matcha und die inzwischen zu Internetruhm gelangten legendären Eiersandwiches: Eiersalat mit Mayo zwischen dünnen Weißbrotscheiben, die in ihrer Konsistenz eher an Tempo-Taschentücher erinnern, aber eine Zeitlang sehr gut schmecken.

(Es gibt übrigens einen sehr schönen Roman, der in einem Konbini spielt: *Die Ladenhüterin* von Sayaka Murata.) Es ist eine eher traurige Welt, die sich in den gleißend hellen Konbinis widerspiegelt, eine Welt, in der überhaupt nicht mehr gekocht, sondern nur noch gearbeitet wird und in der man sich abends irgendetwas zwischen die Zähne schiebt, um nicht den Karoshi, den Erschöpfungstod, zu sterben. Aber ich habe dort etwas entdeckt, wonach ich inzwischen süchtig bin: salzige Pflaumen, Umeboshi. Sie sind in Wirklichkeit gar keine Pflaumen, sondern eher Aprikosen, die noch grün zusammen mit roten Shiso-Blättern zwei Jahre lang in Salz eingelegt werden und dabei fermentieren. Sie sind sauer und salzig zugleich, was es als Geschmack nur sehr selten gibt, und vielleicht haben sie deshalb Suchtpotential. Man kann sie nur einzeln wirklich genießen, mehr als zwei bekommt man kaum herunter, dazu sind sie zu salzig. Man packt sie in Reisbällchen, legt sie oben auf den Reis oder in ein Glas Wasser und trinkt dann das Wasser, was wahnsinnig gesund sein soll und als japanisches Aspirin bezeichnet wird. Umeboshi sollen auch bei Durchfall und Herzflattern helfen, ebenso gegen innere und äußere Hitze – deshalb isst man im Sommer Bonbons mit Umeboshi-Geschmack. Auf jeden Fall katapultiert einen diese ungewöhnliche Geschmackskombination aus trüben Gemütszuständen, sie gibt einem einen Minitritt in den Hintern und zwingt einen, sich wieder auf den Geschmack des Lebens in diesem Augenblick einzulassen. Vielleicht gibt es die Umeboshi deshalb auch im scheußlichen Konbini für achtzig Cent pro Pflaume, damit der gestresste Großstadtmensch merkt, dass es noch etwas anderes im Leben gibt als Arbeit. Eine Umeboshi eben.

GOETHE IN NEAPEL – OHNE PIZZA

Mein Traum als Kind: eine Pizza nur für mich allein, denn für uns vier Geschwister gab es maximal zwei Pizzas (ja, ja, der korrekte Plural von Pizza ist Pizze …). Es gibt nur zwei Sorten Menschen: Die einen lieben die Pizzaränder, die anderen lassen sie liegen. Ich liebe die Ränder und Pizza Margherita, denn alle anderen Beläge verschleiern die einfache, klare Schönheit der Pizza. Mein Traum als Erwachsene: einmal eine Pizza in Neapel essen, wo sie erfunden wurde. Darauf habe ich lange warten müssen, aber neulich war ich da, in der Stadt, die Goethe erst sehen und dann in ihr sterben wollte, ohne eine Pizza gegessen zu haben: Sie soll zum ersten Mal am 11. Juni 1889 vom Pizzabäcker Esposito für König Umberto und seine Frau Margherita gebacken worden sein. Esposito hatte sie mit Zutaten in den Nationalfarben belegt: rote Tomaten, grünes Basilikum und weißer Mozzarella. Er war wohl gar nicht der einzige Pizzabäcker, es heißt, die Königin habe 35 verschiedene

Pizzas in den Palast bestellt. Eine echte Pizzaliebhaberin also und die Erfinderin von »Call a Pizza«. Nun meine ich, dass eine bestellte Pizza niemals gut sein kann. Sie verträgt die Reise nicht: Immer ist die Mitte schon matschig, und die Ränder sind weich. Tiefkühlpizzas sind auch enttäuschend. Ich habe mit Pizzasteinen und Pizzablechen hantiert, und manchmal bekomme ich ein ganz anständiges Ergebnis zustande, aber natürlich nie das vermeintliche Original. Jetzt also dann in Neapel. An jeder Pizzeria steht, dass nur hier die einzige, wahre Pizza serviert wird, jeder also Nachfahre von Esposito, dem Pizzabäcker der Königin. Esposito, der XXXXMDII., grüßt mich majestätisch mit »Salve!«, ganz in Weiß gekleidet, erinnert er an einen Chefarzt. Bei der ersten Pizza glaube ich an eine Touristenfalle. Bei der zweiten an einen verliebten oder betrunkenen Pizzabäcker. Bei der dritten sehe ich ein, dass die echte, wahre Pizza Napoli eine sehr weiche, dicke, fast labbrige Angelegenheit ist – überhaupt nicht knusprig. So, werde ich pikiert aufgeklärt, backen die Römer ihre Pizza, aber das ist nicht die wahre Pizza! Ein wunder Punkt. An einer Hauswand gegenüber steht: *»Roma merda«*. Ich sehe Schulkinder, die sich in der Mittagspause eine riesige Pizza für 2,50 Euro kaufen, die dann wie ein großer Waschlappen zusammengefaltet wird. Mit einer römisch knusprigen Pizza unmöglich: Sie würde zerbrechen. Die Vorstellung von den Dingen verdirbt die Erfahrung der Dinge. Ich gebe meinen Traum von der knusprigen Pizza auf. Der vierte Versuch: Auf der Pizza schwimmt im dicken roten Sugo eine Pfütze goldgelbes Olivenöl, der babypopoweiße Mozzarella ist taufrisch, das tiefgrüne Basilikum duftet. Ich falte die Pizza wie die Schulkinder zusammen – und erst so entfaltet sie ihren komplexen, wunderbaren Geschmack. Nach einer neapolitanischen Pizza braucht der Ungeübte einen Mittagsschlaf. Ich halte ihn in der Frühlingssonne auf einer kleinen Piazza. Möwen schreien. Neapolitaner diskutieren. Handys klingeln. »Neapel ist ein Paradies, jedermann lebt in einer Art von trunkner Selbstvergessenheit. Mir geht es ebenso, ich erkenne mich kaum, ich scheine mir ein ganz anderer Mensch.« Goethe. Ohne Pizza im Bauch. Und ich. Mit derselben. Nicht knusprig. Wunderbar.

BLÜMCHENKAFFEE

Ich liebe Kaffee. Als ich als Jugendliche von »Caro«-Kaffee auf echten Bohnenkaffee umsteigen durfte, war ich stolz wie eine Primelkönigin. Kaffeetrinken war ein Synonym für Erwachsensein. Ich trank Espresso und kam mir mondän vor, türkischen Kaffee und fühlte mich kosmopolitisch. Im Sommer gab es Eiskaffee mit Schlagsahne und Vanilleeis, Cappuccino wurde grundsätzlich mit Sahne serviert. Ich trank literweise Filterkaffee, der in allen Filmproduktionsbüros aus riesigen Kaffeemaschinen rann und stundenlang vor sich hin köchelte, bis er nach grenzenloser Verbitterung über die Gesamtsituation schmeckte.

Und dann fingen mit einem Mal alle an, italienischen Cappuccino mit Milchschaum zu trinken, und fühlten sich über die Maßen gebildet, wenn sie grammatikalisch korrekt zwei Cappuccini bestellten. Ich trank nun auch morgens, mittags, abends Cappuccino, was kein Italiener versteht, denn in Italien ist um 12 Uhr Schluss damit, ab da trinkt man nur noch Espresso. Die Steigerung von Cappuccino war »die Latte macchiato«, die korrekterweise »der Latte macchiato« heißen muss, aber das sagt man lieber nicht bei uns, sonst wird man knallhart korrigiert. In Amerika beschwerte ich mich über den schwachen Blümchenkaffee, aber liebte die freien *»refills«*. Bald hieß es, zu viel Kaffee sei gesundheitsschädlich und führe zu Herzproblemen und Falten, aber kaum wollte ich deshalb meinen Kaffeekonsum einschränken, eröffnete an jeder Ecke ein Starbucks.

Als Kette verabscheut, lümmelte ich mich dennoch ab und an gern in den lila Sofas und freute mich über meinen falsch geschriebenen Namen auf dem Pappbecher. Kaffeekochen war plötzlich eine höchst komplizierte Angelegenheit, für die man die Ausbildung zum Barista brauchte. Kurz nachdem ich endlich begriffen habe, dass die kleinste Größe bei Starbucks *»tall«* heißt, ist jetzt bald wieder Schluss mit Starbucks, denn mit einem Mal sehen wir nicht mehr ein, warum wir uns jahrelang ewig angestellt haben, um schlechten und überteuerten Kaffee zu trinken und die Welt mit Pappbechern zu überziehen.

Inzwischen haben wir ja alle unsere eigene Kapselkaffeemaschine zu Hause, für die George Clooney so schön Reklame gemacht hat, auf dass wir umgerechnet pro Kaffee ein Vielfaches zahlen und die Aluminiumvorkommen der Welt ausbeuten, bevor wir die Kapseln in den ungetrennten Müll schmeißen und mit schlechtem Gewissen beim Filterkaffee unserer Ahnen schwören, nur noch recyclefähige Kapseln zu verwenden oder die gebrauchten brav zurückzubringen. Bevor wir das wirklich in die Tat umsetzen, sind die Kapseln schon wieder out, denn jetzt trinken wir gebrühten Kaffee, für den wir allerdings eine lachhaft teure Maschine benötigen, die eher an ein Chemielabor erinnert als an simples Kaffeekochen. Und neuerdings ist Kaffeetrinken sogar gesund – allerdings nur bei drei bis vier Tassen am Tag. Zwei oder fünf sind weiterhin schädlich. Und wie groß muss die Tasse sein? Mir wird das Kaffeetrinken zu kompliziert, ich glaube, ich steige um auf Tee. Wenn nur nicht die Teezeremonie wäre.

DAS NEUE NICHTS

Ich muss Ihnen von einer großartigen Diät und Nahrungsumstellung berichten, die ich entdeckt habe.

Sie ist gesund, ökologisch wie moralisch vorbildlich, sie führt zu garantiertem Gewichtsverlust, macht keinerlei Arbeit und kostet nichts. Aber bevor ich Ihnen mein Geheimnis verrate, zuerst ein kurzer Bericht meiner langen, mühevollen Reise bis hierhin: Zuerst wurde ich laktoseintolerant, was mich automatisch zu einem besseren Menschen macht, der keine Kälber mehr um die Muttermilch bringt und Milchkühe in entwürdigende Melkvorgänge treibt. Das war durchaus erhebend, aber bald dürstete ich nach mehr. Ich ließ erst Fett, dann Zucker weg, wurde glutensensitiv, weil ich mich sonst ausgeschlossen fühlte, und kurz darauf aus ehrlich moralischen Gründen Vegetarierin.

Meine blutrünstigen Mitmenschen schauderten mich mit einem Mal, ich verlangte einen eigenen Kühlschrank und Verzicht des Verzehrens von

Fleisch mit mir an einem Tisch. Wir aßen eine Zeitlang zusammen Fisch, aber politisch gesehen, muss man einfach Veganer werden. Betrübt stellte ich allerdings fest, dass keiner außer mir vor Begeisterung in die Luft sprang, wenn ich Käsekuchen aus Cashew-Brei und Agar-Agar servierte oder Smoothies in verschiedenen Grüntönen zubereitete. Ich drohte zu vereinsamen, bis ich Kohlenhydrate aus meiner Ernährung verbannte und mich einem Low-Carb-Chatroom anschloss, in dem ich für jede nicht gegessene glutenfreie Pasta ausgiebig gelobt wurde. Nichts macht so froh wie das Weglassen.

Die räumliche Entsprechung zu meiner Ernährung fand ich in einer japanischen Aufräummethode, bei der man so ziemlich alles wegwirft außer sich selbst. Verzicht wurde mein neuer Genuss. Ich entdeckte Clean Eating und aß nur noch Rohes und nichts Gekochtes mehr, nur noch Gemüse, kaum Obst (Carbs!): sauberes Essen, sauberer Körper, sauberer Geist. Aber auch das befriedigte mich bald nicht mehr, und ich sann auf Steigerung. Nichts essen kann nur besser sein als essen. Intervallfasten wurde meine neue Religion, besonders die 16/8-Regel, denn ich brauchte auf gemeinsame Abendessen ja schon länger keine Rücksicht mehr zu nehmen, da niemand mehr mit mir essen mochte. Ich dehnte den Zeitraum aus auf 20/4 und irgendwann auf 23/1, was bedeutet, dass man 23 Stunden ans Essen denkt und in der einen Stunde, die einem bleibt, über alles herfällt, was einem in die Finger gerät. Aber da ich ja laktoseintolerant, glutensensitiv, Veganerin, Clean, No Carbs und Raw Eater bin, war das natürlich keine Option. Es fiel mir zunehmend schwer, mich an all das zu erinnern, was ich nicht essen darf. Aber da entdeckte ich eine vollkommen neue Ernährungsweise, die mich rundum so glücklich macht, dass ich Sie Ihnen, geschätzten Leserinnen und Lesern, aufs Wärmste ans Herz legen möchte: Beugen Sie sich über die tollen Hochglanzfotos der so wunderbar zubereiteten und garnierten Gerichte in diesem Heft, und zwar über ALLE, ganz gleich, ob sie Fleisch enthalten oder Weizen, Milchprodukte, Zucker, Fett oder tonnenweise Kohlenhydrate – und schlecken Sie sie ab! Seite um Seite. Langsam und konzentriert, das ganze Heft von Anfang bis Ende. Ich mache das jetzt schon seit mehreren Ausgaben – und was soll ich Ihnen sagen? Ich habe dramatisch an Gewicht verloren, versaue unseren Planeten nicht mehr durch meine Ernährung, nehme rein gar nichts mehr zu mir, nur die Idee von Genuss.

Herrlich. Ich schlecke mich durchs Heft, bin glücklich und moralisch einwandfrei. Probieren Sie's aus!

HAFERBREI

Die Übersetzung von Porridge ist Haferschleim, und das klingt fürchterlich nach Krankheit und Rollkur bei Magengeschwüren. Freiwillig will man das nicht essen, und das tat ich auch lange nicht, bis ich in England an einem zugigen, verregneten, eiskalten Tag im Juni einen Porridge serviert bekam. Diese Mahlzeit war so tröstlich und wirkte für lange Zeit wunderbar vor, so als hätte ich ein kleines, süßes Heizkissen verschluckt. Prompt wurde ich ein Fan. Ich lernte, dass man auf gar keinen Fall die Prise Salz vergessen darf, die den Porridge leicht nussig schmecken lässt, dass man ihn unbedingt mit ein wenig Milch kochen muss, denn nur in der Verbindung mit Protein entfaltet er seine ganze unglaubliche gesunde Power.

Das wird inzwischen auch wieder angezweifelt, wie eigentlich immer bei als besonders gesund erachteten Gerichten, es könnte aber auch daran liegen, dass Porridge besonders gut mit Sahne, zerlassener Butter und einem Haufen Zucker schmeckt.

Die garantiert gesunde Variante feiert aber jetzt als Jamie-Oliver- oder Thermomix-Variante ihr Comeback. Total vegan mit Mandel-, Hafer-, Kokos-, Sojamilch und Hunderten von aufgepimpten Rezepten im Netz, die mit einem Mal höchst kompliziert klingen. So einfach, wie es ist, darf nix sein, denn dann würde es ja jeder machen. Wenn alle hip sind, ist es nicht mehr hip. Porridge ist jetzt also Lifestyle, und falls man ihn nicht selbst herstellen kann oder will, gibt es ihn auch in tausend Geschmacksrichtungen fix und fertig zu kaufen – natürlich zu gepfefferten Preisen.

Es gibt eine Familiengeschichte aus der Zeit, als Porridge noch nicht hip war und die Kinder jeden Tag gesunden Haferschleim essen mussten, ganz ohne Chiasamen, Beberitzen oder kalifornische Mandeln. Noch nicht einmal Zucker gab es dazu, und er schmeckte einfach so furchtbar, dass mein Vater und sein Vetter sich so oft wie möglich mit ihren Haferschleimschüsseln ins Wohnzimmer davonschlichen, dort den Deckel vom Klavier aufklappten und den Haferschleim hineinschütteten. Das merkte erstaunlich lange niemand, weil anscheinend wenig Klavier gespielt wurde. Aber dann kam Weihnachten und eine klavierspielende Tante zu Besuch. Sie bestand auf Weihnachtsliedern, freudig setzte sie sich ans Klavier und schlug die

Tasten an – aber kein einziger Ton erklang. Es wurde hin- und hergerätselt, schließlich der Klavierdeckel aufgeklappt. Man staunte. Im Klavier befand sich bis kurz unter dem Rand eine seltsame hellgraue Betonmasse. Als Kinder haben wir diese Geschichte heiß geliebt, sie wurde so oft erzählt, dass ich sie hier wahrscheinlich wild ausgeschmückt wiedergegeben habe. Vielleicht war mein Vater in seinem jungen Herzen ein Schotte. Die Schotten haben den Porridge erfunden. Früher kochte man, weil Brennholz teuer und rar war, am Montag eine riesige Portion Porridge, schüttete ihn in eine leere Schublade, wo er alsbald steinhart wurde, so dass man sich die ganze Woche über immer wieder ein Stückchen abschneiden konnte. Na, wie wär's?

DIE KOHLRABI-ERKENNTNIS

Im Kindergarten hatte ich eine Freundin, die hieß Kohlrabi. Das kann doch nicht sein, sagte meine Mutter, die heißt bestimmt nicht Kohlrabi. Doch, doch, wütend bestand ich darauf: Sie heißt Kohlrabi. Je mehr meine Mutter es bezweifelte, umso sicherer war ich mir. Ich wusste es ganz genau: Das Mädchen hieß Kohlrabi.

Natürlich hieß das arme Mädchen nicht Kohlrabi. Es hieß Gabriele, aber ich nannte sie beharrlich Kohlrabi. Wie kam ich da drauf? Weil es bei uns zu Hause oft Kohlrabi zum Mittagessen gab, gedünstet, mit Butter und Petersilie, oder roh zum Naschen. Ich verstand jedes Kaninchen nur zu gut: diese unglaubliche Süße und Frische eines Kohlrabischnitzes! Als Kind war Kohlrabi also ganz alltäglich für mich, später verschwand er aus meinem Leben, keine Ahnung, warum. Er war wohl out. Seltsam, dass das selbst Lebensmittel ereilt, als gäbe es eine Mode des Geschmacks. Mal schmeckt uns Toast Hawaii – und dann mit einem Mal Rote-

Bete-Süppchen. Wenn man lange genug wartet, kehrt jedoch alles zurück, und tatsächlich fand erst kürzlich der Kohlrabi zurück in mein Leben. Um wieder zu mir zu gelangen, musste er einen langen Weg in Kauf nehmen: über Japan und Peru. In Peru haben japanische Einwanderer eine angespitzte, feurige Variante der traditionellen japanischen Küche entwickelt. Damit waren sie so erfolgreich, dass sie Restaurants auf der ganzen Welt aufmachten – und am Ende sogar in Deutschland. Dort steht ein typisch deutsches Gemüse auf der Speisekarte, der Kohlrabi, der so deutsch zu sein scheint, dass er auf Englisch und Spanisch auch Kohlrabi heißt. Hier gibt es also einen peruanisch-japanischen Kohlrabisalat, der in Nudelform daherkommt, angemacht mit getrocknetem Miso und Parmesan. Unvergleichlich köstlich. Nur das ewige Rätsel, wie sie diese Nudeln hinbekommen. Weil gerade aus jedem Gemüse Nudeln hergestellt werden, kaufte ich mir also einen Spiralizer, schnitzte mir fast alle Fingerkuppen weg, verarbeitete Zucchini und Möhren erfolgreich zu Nudeln, aber der Kohlrabi verweigerte sich stur. Er wollte partout keine Nudelform annehmen, egal, wie ich ihn zurechtschnitzte und welche Zusatzaufsätze ich benutzte. Meine Küche glich bald einem Baumarkt. Ich scheiterte so lange an den Kohlrabinudeln, bis meine Schwester eine Pastamaschine anschleppte – und siehe da, der Kohlrabi verwandelte sich in endlose, gleichmäßige, blassgrüne Nudeln. Mit Olivenöl beträufeln und mit getrocknetem Miso und reichlich frisch geriebenem Parmesan bestreuen – fertig ist der deutsch-japanische Kohlrabisalat. Da der Kohlrabi das ganze Jahr über Saison hat, werde ich von meiner Kohlrabi-Besessenheit auch in nächster Zukunft nicht abrücken. Diese jüngere Schwester hatte übrigens eine Freundin im Kindergarten, die hieß Kamelhaar. Und auch sie schwor, dass das arme Kind so heiße und nicht anders. Heulte wie ich vor Wut, wenn man das doch ein wenig bezweifelte. Wie hieß das arme Kind wirklich? Pamela.

SUPPE MIT TIEFGANG

Überall schießen jetzt Ramen-Läden bei uns aus dem Boden wie Pilze, und vor ihnen bilden sich lange Schlangen, als ginge es um die Ausstellung der japanischen Kronjuwelen. Dabei ist Ramen in Japan das normalste, gewöhnlichste Essen, das man sich vorstellen kann. Überall gibt es Automatenrestaurants, wo man sich eine Karte für eine Suppe kauft, die einem dann wortlos an einer langen Theke gereicht wird, wo man wie ein Huhn auf der Stange neben den anderen Gästen hockt, die in Nullkommanix die glühend heiße Suppe laut in sich hineinschlürfen. Man schlürft sie, um sie abzukühlen. Gerade als ich meinem damals kleinen Kind beigebracht hatte, dass es nicht besonders fein ist zu schlürfen, konnten wir zwei ältere, sehr elegante Japanerinnen in Tokio in einem Restaurant dabei beobachten – und zuhören –, wie sie besonders laut ihre Nudelsuppe in sich einsaugten. Siehste, sagte meine Tochter höchst befriedigt.

Nudelsuppe isst in Japan jeder, die beiden Standards sind entweder Ramen mit gekringelten Eiernudeln oder Udon mit dicken Weizennudeln. Die Brühe wird salzig, auf Soja- oder Miso-Basis gereicht, und die Diskussion um die beste Brühe ist Glaubensfrage. Auf jeden Fall braucht jede Brühe als Grundlage ein anständiges Dashi, das aus Kombu-Alge und Thunfischflocken hergestellt wird. Meine liebste Suppe ist die Kitsune Udon, die »Fuchsnudelsuppe«, mit einem großen Stück frittiertem Tofu statt der Scheibe Schweinebauch, der leicht süßliche Geschmack vom Tofu verbindet sich wunderbar mit der salzigen Brühe. Da der Fuchs in Japan auch als Gott auftritt und besonders gern Tofu isst, liebt er natürlich auch Suppe mit Tofu.

Ramen kannte ich aus dem Kino, bevor ich sie zum ersten Mal aß: aus dem Film *Tampopo* von 1985. Er handelt von dem Kampf eines kleinen Nudelrestaurants und seiner Besitzerin um die allerbeste Ramen der Welt. Was ist die beste Brühe? Die beste Einlage? Was sind die besten Nudeln? Wie heiß muss die Suppe sein, und wie isst man sie am besten? Der Film ist sehr lustig und erinnert an einen Western oder Samuraifilm. In einer Szene gibt ein alter Mann die genaue Anleitung: erst die Suppenschale betrachten, die Fettaugen, die Frühlingszwiebeln, die Alge, die langsam in der

Suppe versinkt, dann Konzentration auf die Scheiben Schweinefleisch, die mit den Stäbchen gestreichelt werden sollten, um Zuneigung auszudrücken. Dann entschuldige dich bei dem Schwein und sage: Ich seh dich bald. Nicht nur, wie man eine Ramen richtig isst, sondern auch, wie man sie kocht, kann man in diesem Film lernen. Allein die Herstellung der Nudeln ist eine Wissenschaft für sich.

Der Regisseur Juzo Itami wurde mit dem Suppenfilm international bekannt, als Nächstes wollte er einen Film über die Yakuza, die japanische Mafia, drehen, mit denen bekanntlich nicht gut Nudelsuppe essen ist. Kurz vor Beginn der Dreharbeiten stürzte er aber »versehentlich« aus dem achten Stock eines Gebäudes.

Man kann auch sagen, die Nudelsuppe hat ihn umgebracht, denn ohne den Erfolg seines Films *Tampopo* hätte er wahrscheinlich keine weiteren Filme drehen können. Bei jeder Nudelsuppe, die ich esse, denke ich an ihn.

BAUMKUHU

Als ich klein war, durfte ich manchmal mit meinem Großvater in Hannover in die »Holländische Kakao-Stube« gehen. Das war etwas ganz Besonderes: Ich bekam einen heißen Kakao, mein Großvater aß eine Königinpastete. Die wahre Spezialität des Hauses war aber der Baumkuchen, eine zarte und teure Kostbarkeit, die ich über alles liebte. Besonders die mit Zartbitterschokolade glasierten Baumkuchenspitzen, jede Teigschicht dünner als ein Taschentuch. Rings an den Wänden hingen blau-weiße Delfter Kacheln mit Windmühlen, die Kellnerinnen trugen weiße Spitzenschürzchen, und über uns schwebte das riesige Gemälde eines Schiffs in stürmischer See. Alles wirkte sehr gediegen – und alt.

Tatsächlich hatte bereits 1921 der Konditormeister Friedrich Bartels das »Van Houten's Cacao-Probe-Local« übernommen, und der jetzige Besitzer heißt heute in der dritten Generation immer noch Friedrich Bartels. Der Baumkuchen war für mich immer Synonym für die »Kakao-Stube« und Hannover, bis ich in Japan zu meinem großen Erstaunen überall Baumkuchen entdeckte. »Baumkuhu«, wie man es auf Japanisch ausspricht, gibt es in jeder Kaffeekette, jedem Supermarkt, jedem Bahnhof, jedem Flughafen. Er scheint wie gemacht für Japan: zart, kaum süß, aufwendig in der handwerklichen Herstellung, was in Japan besonders geschätzt wird. Der Bäcker Juchheim hat ihn eingeführt. Er kam vom Mittelrhein und hatte 1914 in China unter deutscher Kolonialherrschaft als Bäcker gearbeitet. Als er als Kriegsgefangener nach Japan gebracht wurde, backte er dort die ersten Baumkuchen, die so einen Erfolg hatten, dass er ein Café und eine Baumkuchenbäckerei eröffnete. 1923, im großen Erdbeben von Kanto, verlor er alles, baute wieder auf, starb jedoch 1945, und seine Frau Elise wurde von den Amerikanern deportiert. Aber der Baumkuchen war nicht mehr aus Japan wegzudenken. Ehemalige Angestellte backten weiter und setzten sich dafür ein, dass Elise Juchheim 1953 nach Japan zurückkehren durfte.

Von da an gab es kein Halten mehr für den Baumkuchen. Heute bekommt man ihn in hundert Varianten, als Matcha-Version oder mit Kokosnuss und Kirschblüten, der 4. März ist der offizielle »Tag des Baumkuchens«, keine Hochzeit gibt es ohne

Baumkuchen mit so vielen Schichten des Glücks wie den Ringen eines Baumstamms. Außerdem wird er zu Weihnachten in rauhen Mengen vertilgt. Billig aus dem Supermarkt oder absurd teuer aus den Fressabteilungen der großen Kaufhäuser. Die durchschlendere ich gern wie ein Museum, die unglaublichsten Feinschmeckereien aus der ganzen Welt werden dort wie Kunstwerke präsentiert. Und neulich stieß ich dort tatsächlich auf einen Ableger der »Holländischen Kakao-Stube« aus Hannover.

Die japanischen Verkäuferinnen trugen die gleichen Spitzenschürzchen wie in meiner Kindheit, die blau-weißen Delfter Kacheln mit den Windmühlen auf der Verpackung waren identisch, es gab Kakao und Baumkuchen. Und obwohl draußen Tokio bei 38 Grad im Schatten fast verglühte, trank ich eine heiße Schokolade, aß eine Baumkuchenspitze und war in Hannover mit meinen Großvater – und er aß eine Königinpastete.

GRÜNES GOLD

Ich weiß gar nicht mehr, wann ich meine erste Avocado gegessen habe. Als ich klein war, gab es keine Avocados. Aber als mein Kind klein war, durchlief es eine Phase, in der es nichts außer Avocados aß. Ich konnte das gut verstehen, denn ich liebe Avocados. Als ich vor vielen Jahren zum ersten Mal in Mexiko war, aß ich Guacamole Tag für Tag, und zwar mit dem Esslöffel. Die Avocado ist inzwischen überall. In unseren Supermärkten gibt es abgepackte »Guacamole Sets«, Avocado, Limette und Zwiebel.

Das Lieblingsessen der Hipster ist der Avocado-Toast. Für Gesundheitsbewusste gibt es Avocado-Smoothies und für Kosmetikbewusste Avocado-Gesichtsmasken. Die Avocado ist dermaßen in. Und ja auch so gesund! So voller guter Fette! Ein super Superfood! Dass sie unglaubliche Mengen Wasser braucht, um heranzureifen, wollen wir lieber nicht wissen. Vor kurzem ließ ich in einem Schreibworkshop in Mexiko meine Studenten Avocado-Geschichten schreiben. Jeder Mexikaner hat eine Avocado-Geschichte so wie jeder Deutsche wahrscheinlich eine Kartoffel-Geschichte. In Mexiko heißt Avocado *»Aguacate«*, was ursprünglich aus dem Nahuatl kommt, einer indigenen Sprache. Schon immer war bekannt, wie nahrhaft die Avocado ist. Aber jetzt wird sie *»Oro verde«* genannt (grünes Gold). Mir wurde erzählt von einem Ehepaar, das sich scheiden ließ, weil er die Avocado liebte und sie nicht. Ein Mann erzählte, er sei unter einem Avocadobaum geboren, und seiner Mutter seien während der Geburt die Avocados auf den Kopf gefallen. Viele berichteten von den riesigen Avocadobäumen ihrer Kindheit. Wer von uns kennt dagegen nicht die frustrierende Erfahrung, einen Avocadokern an Zahnstochern in ein Wasserglas zu hängen und zu hoffen, dass er keimt. Stattdessen gammelt er dann über Wochen vor sich hin, bis man ihn enttäuscht entsorgt. Neidvoll hörte ich einer jungen Frau zu, die erzählte, sie brauche nur aus dem Küchenfenster zu greifen, um sich vom Baum eine Avocado zu pflücken. Eine Studentin mit guatemaltekischen Wurzeln berichtete von ihrer Mutter, die Avocado mit Zucker und Milch zubereitet. Alles schöne Avocado-Geschichten. Bis eine junge Frau von ihrem Onkel erzählte, der eine Avocadoplantage besitzt und von den Drogenbossen vor einem Jahr entführt wurde. Ihre Tante pflegt treu die Avocadoplantage weiter, aber von ihrem Mann hat sie nichts mehr gehört. Die anderen Studenten nickten wissend. Viele kannten ähnliche Geschichten. Weil die Avocado weltweit so beliebt geworden ist, hat der Drogenhandel sich jetzt auch der Avocado bemächtigt. Selbst in Mexiko ist der Preis für Avocados deutlich angestiegen.

Zurück in Deutschland schaue ich im Supermarkt auf die Avocado in meiner Hand, das grüne Gold, die Avocado-Geschichten schwirren in meinem Kopf herum, alles hängt mit allem zusammen, der Berliner Hipster, der Avocado-Toast, der Drogenkrieg, meine Guacamole-Leidenschaft. Nichts ist unschuldig. Wie soll man damit umgehen? Auf der Avocado klebt das Schildchen »Hass«. Meinen mexikanischen Studenten habe ich die Bedeutung dieses Wortes erklärt. Das fanden sie sehr komisch. Die Hass-Avocado ist eine hybride Züchtung: Aus ihr wird nie ein Avocadobaum.

DICHTUNG UND DATSCHI

Eine Freundin, die schon seit ewigen Zeiten in den USA lebt, aber in München aufgewachsen ist, erzählte mir, dass sie, als sie in Los Angeles im Radio in einer Reisesendung über Deutschland vom typisch bayerischen *»suetschendätschi«* hörte, von Sehnsucht überwältigt am Straßenrand anhalten und bitterlich weinen musste, weil mit einem Mal das ganze Auto vom Geruch von frischem Zwetschgendatschi erfüllt war, der sie an ihre Kindheit und an ihre Mutter erinnerte: das umwerfende süßlich-saure Aroma, wenn die Mutter den fertigen Kuchen auf dem schwarzen Blech aus dem Rohr holte, der Geruch von Hefe, die kleinen Frischhefewürfel (aus denen sie sich in der Pubertät Gesichtsmasken gegen Pickel machte), das wohlige kleine, lang anhaltende Rülpsen, wenn man zu viel vom Teig genascht hatte, die knusprigen Randstücke des fertigen Kuchens, die ihr die liebsten waren, die frische, perfekt steife Schlagsahne, die sie hatte schlagen dürfen (aber nicht zu lange, damit sie nicht zu Butter wird!) und dann das Gefäß ausschlecken, der Kaffeeklatsch mit Onkeln und Tanten, die den Pflaumenkuchen aßen und gleichzeitig rauchten.

Was denn nun?, frage ich, Zwetschgendatschi oder Pflaumenkuchen? Zwetschgendatschi natürlich, ruft sie, gesteht dann aber, dass sie auf Englisch Zwetschge und Pflaume ohne Unterschied *»plum«* nennt. Das Lexikon besagt, dass Zwetschgen im Englischen *»damsons«* heißen, aber das Wort kennt kaum jemand. Gibt es überhaupt Zwetschgen in Amerika – oder nur Pflaumen? Ich selbst vergesse den Unterschied jedes Jahr aufs Neue: Pflaumen sind rundlicher und haben eine deutliche Furche, wie ein Minibabypopo, ihre Frucht kann man auch mit scharfen Fingernägeln kaum vom Stein lösen, sie sind rotblau bis lila und in der Regel süßer. Zwetschgen sind dagegen leicht säuerlich, dunkellila bis schwarz in der Farbe, sie haben kaum Babypopofurche, sind spitzer und leicht zu entsteinen. Hübsch, wie die Zwetschgen sich zu kleinen gelbroten Ohrenpaaren öffnen, wenn man ihnen den Stein entnimmt und sie auf den Teig legt. Dieses Jahr bogen sich die Pflaumen- und Zwetschgenbäume unter den Früchten, so viel Zwetschgen- und Pflaumenmus konnte man gar nicht einmachen, so viele Datschi gar nicht backen, und auch die Wespen kamen kaum hinterher.

Wenn man mit seinem saftigen, duftenden Datschi auf dem Teller dasitzt, die Wespen einen umschwirren und man verzweifelt versucht, sich an die Ratschläge zu erinnern, was gegen sie helfen soll – Kaffeepulver verbrennen, Kupfermünzen auslegen, ein Glas mit Honigwasser bereitstellen, immer eine Zwiebel in der Tasche dabeihaben, um sie im schlimmsten Fall auf einen Stich zu legen –, dann weiß man, der Herbst ist gekommen. Und während man ungeduldig darauf wartet, dass der Datschi endlich wieder von den Wespen freigegeben wird, könnte man in der Zwischenzeit auch einen Haiku dichten: Komm her, du Wespe / nipp an meinem Zwetschndatschi / süßer Sommer, bleib! (Für die Haiku-Puristen: Zwetschn zählt als nur eine Silbe …)

GRILLEN

Am zuverlässigsten erkennt man den Sommer an den Rauchschwaden, die von jedem Balkon, aus den Gärten und Parks wabern: Es wird gegrillt, was das Zeug hält. Ich mochte Grillen nie wirklich. Habe nie viel Fleisch gegessen und inzwischen möglichst gar keins mehr, deshalb lag und liegt mir auch nichts an den großen Fleischlappen und riesigen Bratwürsten vom Grill. Aber auch die nie garen Kartoffeln, verbrannten Zwiebelringe, zerknautschten Auberginenscheiben und matschigen Zucchini begeistern mich nicht. Was mich allerdings amüsiert, ist die alljährliche Transformation von männlichen Stubenhockern in archaische Helden am Feuer. Ich kenne kaum einen Mann, der nicht gern grillt und mythisch ergriffen über seinem sündhaft teuren Kugelgrill über Tod, Fleisch und Feuer wacht. Die Frauen ziehen sich meist gutmütig in den Salatbereich zurück und überlassen den Männern die Grillwelt als letztes Habitat, in dem sie sich stundenlang und unwidersprochen wichtig fühlen dürfen. Grillen dauert, auch wenn behauptet wird: Ich werfe schnell Fleisch auf den Grill. Wie oft habe ich schon mit knurrendem Magen neben einem Grill ausgeharrt. Und wenn auch noch versucht wird, ein ganzes Tier zu grillen, bedeutet es IMMER, dass man erst kurz vor Mitternacht, schon schwer betrunken, endlich ein Stück Fleisch auf den Teller bekommt. Unvergessen die Grillparty eines Schwabinger Angebers, der auf seinem schmalen Straßenbalkon im vierten Stock ein ganzes Lamm grillen wollte, was im Morgengrauen immer noch nicht gar war. Es illustrierte aufs anschaulichste den Antagonismus zwischen zivilisierter Stadtgesellschaft und archaischer Tierbraterei. Was haben die Männer nur mit dem Grillen? In seinem klugen Buch *Kochen* beschreibt Michael Pollan das Grillen als Fortsetzung des rituellen religiösen Opfers, das immer Feuer und Fleisch beinhaltete. Anfangs gab es Menschenfleisch, später dann zu unser aller Glück Tierfleisch. Die Götter bekamen den Rauch, die Menschen die Schnitzel. So hatten beide was davon. Auf Griechisch bedeutet *mageiros* Koch, Metzger und Priester, Ursprung unseres Wortes »Magier«. Gab es immer nur in der männlichen Form, ganz nebenbei. Der Mann mit dem Messer am Grill ist also ein Zauberer, denn er verwandelt ein Tier in ein Mahl.

Das muss möglichst lange dauern, denn so entsteht Gemeinschaft, meist unter Männern mit Bier in der Hand. Als der Kochtopf erfunden wurde, wurde das Herstellen von Mahlzeiten nicht nur ökonomischer, sondern es verlagerte sich auch von draußen nach drinnen. Draußen, beim Grillen über offenem Feuer, konnten die Männer voreinander angeben, drinnen regierten die Frauen über den Topf und die Familie. Es war auch nicht mehr ganz ersichtlich, was in dem Topf zusammengeschmort wurde, was Aristoteles als größere zivilisatorische Leistung einstufte, weil das Tier nicht mehr zu erkennen ist. Es wird sublimiert und etwas anderes, Neues. Der Anthropologe Lévi-Strauss sagte dazu: Gekochtes ist Leben, Gebratenes Tod. Grillen also als letzte Domäne des Jägers, wie es scheint. Dafür braucht er heutzutage Workshops, Zeitschriften, digitale Rundumbetreuung und sehr teure Grills. Ich schnipple schon mal den Salat und warte …

EIN HERMANN FÜRS LEBEN

Ich habe wieder eine neue Beziehung, obwohl ich eigentlich keine mehr wollte. Jedes Mal ging es schief. Meine Schuld. Keine Geduld, keine Disziplin – und *bam*. Ende. Aber dann doch wieder die Sehnsucht, es endlich zu schaffen. Ein neuer Versuch. Er heißt Hermann. Er heißt immer Hermann. Hermann ist kinderleicht zu züchten, wie es in tausend Instagram- und Facebook-Gruppen heißt, aber bei mir hat er nie länger als eine Woche überlebt. Dieses Mal versuche ich, alles richtig zu machen. Geduld und Genauigkeit sind der Schlüssel – nicht gerade meine besten Eigenschaften. Peinlich genau verrühre ich Wasser mit Mehl in einem Glasgefäß, denn Hermann mag kein Plastik. An dieser Stelle eine Warnung, falls Sie Ähnliches vorhaben: Hermann wird Sie komplett in Beschlag nehmen, denn Hermann ist ein lebendiges Wesen, das von nun an gehätschelt und gefüttert werden will und um das man sich ständig sorgt.

Unglücklicherweise muss ich gleich am zweiten

Fütterungstag auf eine kurze Reise gehen. Ich kann Hermann nicht allein lassen, denn ungefüttert würde er eingehen. Er mag es warm, am liebsten zwischen 25 und 28 Grad, also packe ich sein Glas, Mehl und eine Wärmflasche ein. Er besteht auf pünktlicher Fütterung, und obwohl ich dafür mein eigenes Hotelfrühstück verpasse, blubbert er nicht vorschriftsmäßig in seinem Glas, sondern ziert sich. Zumindest riecht er korrekt: ein wenig sauer, aber nicht zu viel. Es gibt einen Temperatursturz, und ich nehme Hermann samt Wärmflasche mit ins Bett. Das scheint ihm zu gefallen, denn am nächsten Tag entdecke ich Blasen der Zufriedenheit im Glas. Wohlbehalten bringe ich ihn zurück nach Hause, aber irgendetwas scheint er nun übelzunehmen, er zeigt kaum noch Vitalzeichen. Unsere Beziehung verschlechtert sich rasant, ich verliere die Geduld. Ich werde dich nicht weiterfüttern, drohe ich ihm. Ich habe es satt, nach allem, was ich für dich getan habe! Prompt steigen am nächsten Tag die schönsten Blasen auf. Nur noch ein Fütterungstag, dann müsste Hermann endlich stark genug sein, um mich mein ganzes Leben lang zu begleiten und auch noch im Leben von Kindern und Enkelkindern eine tragende Rolle zu spielen.

Das ist das Verführerische an Hermann: Er lebt weiter, immer weiter – wenn er gut gestartet ist.

Aber just in diesem heiklen Moment seines noch so jungen und empfindlichen Lebens muss ich wieder verreisen. Dieses Mal im Flugzeug und nur mit Handgepäck. Hermann muss zu Hause bleiben. Was soll aus ihm werden? Ich bitte meinen Mann, dem dieses ganze Gewese um Hermann schon empfindlich auf die Nerven geht, wenigstens einen einzigen Tag die Fütterung zu übernehmen. Aber er, der mir nie etwas abschlägt, sagt einfach nein. Nein, deinen Hermann füttere ich nicht. Hermann wird dann sterben, sage ich. Hartherzig zuckt mein Mann die Achseln. Geknickt verabschiede ich mich von Hermann. Wahrscheinlich für immer. Am nächsten Morgen rufe ich meinen Mann an. Und?, frage ich ihn, hast du ihn wirklich nicht gefüttert? Mein Mann schweigt. Er schweigt beharrlich. Da weiß ich: Hermann lebt. Überraschend vital und tatendurstig erwartet er mich bei meiner Rückkehr. Sie haben es längst erraten, Hermann ist ein Sauerteigstarter. Sein Name stammt aus den siebziger Jahren. Ich backe mein erstes gelungenes Sauerteigbrot. Aber eine Frage nagt an mir: Hat Hermann am Ende zu meinem Mann eine bessere Beziehung als zu mir?

ÄPFEL UND BIRNEN

Birnen haben das Zeug dazu, einen in den Wahnsinn zu treiben. Erst liegen sie knallhart und mürrisch tagelang herum, um dann heimtückisch über Nacht quatschig weich zu werden und einen bitter zu enttäuschen. Warum machen sie das? Warum können sie nicht gemütlich und langsam vor sich hin reifen und freundlich auf ihren Verzehr warten? Warum muss sich eine perfekte Birne so rarmachen? Ein wahrhaft kapriziöses Obst. Es gibt Sommer-, Herbst- und Winterbirnen, aber mir fallen sie immer erst im Winter auf, wenn ich mich an Äpfeln schon satt gegessen habe und Mandarinen nicht mehr sehen kann. Es gibt um die fünftausend Sorten, aber hierzulande hat man meist die Wahl zwischen einer »Abate Fetel«, »Williams Christ«, »Clapps Liebling«, »Alexander Lucas«, »Conference« oder der »Guten Louise«, die mir allein schon wegen ihres Namens am besten gefällt. Auch sie zickig wie alle anderen und nur einen komisch winzigen Augenblick lang perfekt.

Aber wenn ich die Wahl habe zwischen Birne und Apfel, wähle ich immer die Birne. (Die Entscheidung zwischen Apfel- und Birnenfigur würde mir dagegen schwerfallen. Und wieso nennen wir unseren Kopf Birne? Du hast doch nix in der Birne … ja, genau, erst fällt mir nix ein, die Gedanken sind wie tiefgefroren, im nächsten Augenblick schon matschig weich, und ich muss mich hinlegen und ausruhen. Mit meiner Birne über die Birne nachdenken.)

Vielleicht mag ich Birnen nur deshalb so gern, weil ich als Kind das Fontane-Gedicht über Herrn Ribbeck auf Ribbeck im Havelland geliebt habe. Und weil es so schön ist, hier die erste Strophe:

Herr von Ribbeck auf Ribbeck im Havelland,
Ein Birnbaum in seinem Garten stand.
Und kam die goldene Herbsteszeit

Und die Birnen leuchteten weit und breit,
Da stopfte, wenn's Mittag vom Turme scholl,
Der von Ribbeck sich beide Taschen voll.

Und kam in Pantinen ein Junge daher,
So rief er: »Junge, wiste 'ne Beer?«
Und kam ein Mädel, so rief er: »Lütt Dirn,
Kumm man röwer, ick hebb 'ne Birn.«

Plattdüütsch sprach in unserer Familie zwar keiner, aber im NDR gab es am Morgen die Sendung *Hör mal 'n beten to,* die ich hören durfte, wenn ich krank im Bett lag, und danach den Schulfunk. Herrlich. Und dort wurde von Herrn von Ribbeck auf Ribbeck im Havelland erzählt, der so gern Birnen an Kinder verschenkt. Aber dann stirbt er, sein Sohn ist geizig und gibt keine einzige Birne her: Und die Kinder klagten, das Herze schwer: *»He is dod nu. Wer giwt uns nu 'ne Beer?«* Doch Herr von Ribbeck hat vorgesorgt, eine Birne mit ins Grab genommen, auf dass es auch in Zukunft noch Birnen für die Kinder geben wird.

Herrn von Ribbeck gab es wirklich und den Birnbaum auch. Den Stumpf des alten Baums habe ich mir in der Dorfkirche von Ribbeck angeschaut. Im Schlossgarten wachsen überall Birnbäume, und im Schlossrestaurant wird ein wirklich toller Birnenstrudel serviert. Alles nur wegen eines Gedichts. Und deshalb habe ich auch irgendwann einen Birnbaum in unserem Garten gepflanzt, aber irgendetwas passt ihm nicht. Er mickert seit Jahren vor sich hin, produziert nur wenige Blüten und noch nie eine einzige Birne. Ha, sagt er schadenfroh zu mir: Eine Frau von Ribbeck wirst du nicht!

BAGELS FIRST!

Ich erinnere mich an Onigiri und sehne mich nach Japan, an Paella und vermisse Spanien, aber an welche landestypische Spezialität erinnere ich mich, wenn ich an die USA denke? Zurzeit kann ich nicht gerade behaupten, dass ich mich nach Amerika sehne, aber manchmal würde ich an einem Sonntagmorgen doch zu gern zu »Russ & Daughters« in New York laufen, einem Delikatessenladen in der Lower East Side, und mich in die Schlange stellen, um einen *bagel with lox and cream cheese* zu kaufen.

Früher war der Bagel in den USA das einzige Gebäck, das einigermaßen nach Brot schmeckte, inzwischen kennt die ganze Welt den meist leider ziemlich pappigen Kringel, der ursprünglich natürlich gar nicht aus den USA kommt, sondern aus der polnisch-jüdischen Küche. In Krakau habe ich verstanden, warum er ein Loch in der Mitte hat, denn dort wird er aufgereiht auf einem Stock auf der Straße verkauft. In den USA gilt er als typisch New

York, und in New York selbst ist nur der *bialy* noch typischer: Ein Bialy hat kein Loch in der Mitte, sondern wie ein Schmalzkuchen eine Vertiefung, die mit Zwiebeln und Brotkrumen gefüllt ist. Wenn man also weiß, was ein Bialy ist, sich am Sonntag nach Bialys und Bagels mit Lachs und Cream Cheese verzehrt und behauptet, dass sie nirgends so gut sind wie bei »Russ & Daughters«, dann ist man schon fast ein New Yorker – oder kann zumindest stolzgeschwellt so tun. Der Laden liegt in dem ehemals jüdischen Einwanderungsviertel, sonntags wartet geduldig eine sehr lange Menschenschlange auf frisch und hauchdünn aufgeschnittenen Lachs aus Nova Scotia, Schottland, Norwegen oder Irland, selbstgemachten *shmear* mit Schnittlauch, Meerrettich oder Dill, Heringshappen, Stör und knusprige Bagels und Bialys. Es gibt ein Sandwich, das heißt »Mensch«, und eins, das heißt »Shtetl«. Während man wartet, hat man Zeit, über Flucht und Vertreibung aus Europa nachzudenken und wie Immigranten sich immer und überall wenigstens eine kulinarische Heimat geschaffen haben. 1907 emigrierte Joel Russ aus Polen nach New York und verkaufte aus einem Fass *schmaltz herring*, Rollmöpse, an die jüdische Nachbarschaft. Nach sieben Jahren konnte er einen kleinen Laden eröffnen. Er bekam drei Töchter, die von Anfang an im

Laden mithalfen. 1935 machte er sie zu Partnern und nannte den Laden »Russ & Daughters«, was es zuvor nie gegeben hatte in den USA, wo immer nur die Brüder und Söhne als Partner genannt worden waren. Vater Russ hatte es geschafft und mit klassisch jüdischen Spezialitäten aus Osteuropa einen Sehnsuchtsort in Amerika erschaffen. Der Laden gehört heute immer noch der Familie, aber die jüdischen Delikatessen gibt es so nur noch hier und sonst nirgendwo mehr. Sie fungieren als Geschichtsunterricht für das, was endgültig verloren ist. Außer hier, in den USA.

Das ist das tolle, liberale, großzügige Amerika – aber dieser Tage, so scheint's, brauche ich einen Bialy mit *shmear* besonders dringend, um mich daran zu erinnern – und mich nach diesem Amerika zu sehnen.

RÄCHERIN DER MEERE

Ich kann mich noch genau an sie erinnern. Blasspink und hübsch lag sie inmitten all der anderen auf meinem Teller und tat ganz unschuldig, schien mich, obwohl definitiv tot, mit ihren schwarzen Äuglein hinterlistig anzublinzeln, und als ich sie in den Mund schob, wusste ich noch in demselben Augenblick, dass sie schlecht war. *Dennoch* schluckte ich sie hinunter und redete mir ein, ich hätte mich geirrt.

Keine zwei Stunden später wusste ich endgültig, dass dem nicht so war. Ich wollte sterben. Oder dachte, ich müsste sterben. Zu meinem großen Glück hatte ich ein Hotelzimmer mit eigenem Bad. Eine genauere Beschreibung erspare ich Ihnen. Eine einzige kleine spanische Garnele haute mir die Beine weg und schwächte mich so sehr, dass ich nur auf allen vieren vom Bett ins Bad kriechen konnte und zurück. Jeder, der diese Erfahrung gemacht hat, weiß, wie man auf dem kalten Fliesenboden vor der Kloschüssel liegt und staunt, wie wenig es doch braucht, um einen völlig aus dem Verkehr zu ziehen. Eine einzige Muschel, eine einzige Garnele.

Als Kind habe ich Garnelen beim Schnorcheln zugesehen, wie sie auf den Felsen herumstaksten und so durchsichtig waren, als seien sie gar nicht wirklich existent. Ihre Existenz machte mir nun eine einzige unmissverständlich klar. Aber wer ist auch *so* blöd, an einem Sonntag bei dreißig Grad im Schatten Gambas oder Garnelen zu essen? Ich konnte einfach nicht widerstehen. Anzukommen in Spanien, die heiße Sonne, das Meer, die Farben, der Geruch, die Meeresfrüchte … All das schien unauflöslich zusammenzugehören als Versprechen auf das große Sommer- und Ferienglück, und schon riss ich mir die Kleider vom Leib, saß im Bikini in einem Strandlokal, bestellte *Gambas a la plancha* und forderte mein Schicksal heraus. Im jüdischen Glauben gelten Schalentiere als nicht koscher. Wer sie isst, muss mit ihrer Rache rechnen. Bei mir ist es so, als ob sie nur darauf lauerten. An einem Weihnachtsfest hatte mein Vater sich in den Kopf gesetzt, Austern zu servieren. Ich war begeistert. Eine Rächerin der Meere aber hatte sich unter sie gemischt. Direkt nach dem herrlichen Austernmahl fuhr ich im Nachtzug wieder zurück nach München. Was soll ich sagen? Es gibt angenehmere Aufenthaltsorte als eine Zugtoilette. Aber selbst dieses traumatische Erlebnis konnte mir den Verzehr von Schalentieren nicht vermiesen. Bis vor kurzem ging ich für *Spaghetti alle vongole* kilometerweit, liebte Miesmuscheln, Pfahlmuscheln, Jakobsmuscheln, Krebse, Shrimps, Garnelen, Hummer. Aber jetzt habe ich erfahren, wie viel Mikroplastik Schalentiere aufnehmen und speichern. Mit einer Portion Muscheln verzehre ich ungefähr das Äquivalent von drei Kreditkarten. Ab jetzt sind alle Schalentiere sicher vor mir. So lange, bis wir endlich unseren Plastikwahnsinn in den Griff bekommen. Ich hoffe, das schaffen wir. Es sieht im Moment nicht so aus.

Was ist die Rache einer einzigen Gamba im Vergleich zu der Verseuchung aller Meerestiere? Sollten wir das Plastik jemals wieder aus dem Meer bekommen, wäre ich sofort bereit, mich zu opfern: Her mit der kleinen, fiesen Gamba, die sich an mir rächen will für alles, was wir ihr und ihren Artgenossen angetan haben! Sie hat ja so recht.

EINE TÜTE NOSTALGIE

Als Kind kannte ich keine Maroni, nur Kastanien, die ich bis heute begeistert sammle, weil ich ihre unterschiedlichen Formen und die spiegelglatte, tiefbraune Oberfläche so mag. Jedes Jahr wieder wurden Kastanienmännchen und -igel gebastelt, mit einem Kinderbohrer emsig Löcher gebohrt und Streichhölzer hineingesteckt, die entweder abbrachen oder ständig herausfielen. Nach wenigen Tagen alterten zudem Igel und Männchen enttäuschend, wurden runzlig und unansehnlich.

Von Maroni hörte ich zum ersten Mal in meinem Lieblingskinderbuch *Die kleine Hexe* von Otfried Preußler. Bis heute erinnere ich mich an ein buckliges, schwer erkältetes Männchen, das in einer Maronibude mit Bullerofen steht und vor sich hin niest. Es schenkt der kleinen Hexe eine Tüte Maroni und beklagt sich über seinen fürchterlichen Schnupfen und darüber, dass es sich ständig die Finger an den heißen Maroni verbrennt. Beides wird ihm netterweise sofort von der kleinen Hexe weggehext. Lange nach der Lektüre der *Kleinen Hexe* habe ich zum ersten Mal in München Maroni gegessen. Ab da gab es keinen Winter ohne Maroni mehr für mich und ohne Maroni keinen Winter. Im November, wenn die Maronibuden aufmachen, trösten sie mich zuverlässig über den bevorstehenden Winterblues hinweg, und ich freue mich auf die schon lang bekannte nette Maronifrau, die zum Glück einen Heizlüfter in ihrer Bude stehen hat, auf den verbrannten, leicht beißenden Geruch, den man von ferne schnuppern kann, auf die warme Tüte in der Manteltasche und die weichen, süßen Maroni, die sich leicht aus der Schale pellen lassen.

Unzählige Male habe ich versucht, Maroni zu Hause zu rösten, mit wenig Erfolg. Sie wurden meist hart und bitter, hingen störrisch an ihrer Schale, und ich verbrannte mir wie das Maronimännchen sämtliche Finger. Ich habe sie in Wasser eingelegt, mit einem Maronimesser eingeschnitten, in eine extra angeschaffte Maroniform gelegt – aber es gibt einfach Dinge, die man den Fachleuten überlassen sollte. Außerdem gehört ein bisschen Frieren auf der Straße dazu, während man auf seine Maroni wartet – am besten unter leichtem Schneerieseln vom tiefschwarzen Winterhimmel. Ich habe Maronistände in Spanien entdeckt, in Italien und Mexiko, wo sie auf offenem Feuer gebraten werden, selbst in Japan, wo sie aus einer Art Dampflokomotive kommen, und überall prompt Heimat- und Weihnachtsgefühle bekommen. Früher waren Maroni keinesfalls eine romantische Angelegenheit. Sie galten als Armenspeise – »Brot des kleinen Mannes« wurden sie genannt – und waren oft die einzige Kohlenhydratquelle, besonders im Winter. Die Reichen aßen keine Maroni, wenn es sich vermeiden ließ, weil es hieß, sie führten zu Verdauungsproblemen und zu einem unkontrollierten Sexualtrieb. Wer das wohl getestet hat? Die Armen träumten dafür vom blütenweißen Weizenmehl der Reichen. Inzwischen ist Weizen in Verruf geraten, dafür werden Maroni als Könige der glutenfreien Ernährung gepriesen, Verdauungshilfe, gesunde Diät und natürliches Aufputschmittel (so heißt es jetzt also …). Ist mir alles wurscht, ich brauche nur die Maronibude, den Geruch, die warme Tüte in meiner Manteltasche, den Geschmack von süßen Maroni – und schon ist der Winterblues praktisch weggehext.

MELONEN-MOMENTE

Ich erinnere mich an heiße Sommer als Kind, an lange Strandtage, an denen es mittags nichts zu essen gab, weil meine Mutter auch mal eine Pause bekam, aber wenn dann am Nachmittag eine kalte Wassermelone aufgeschnitten wurde, gab es nichts Schöneres auf der Welt, als durchsonnt und überhitzt im Bikini in dieses überwältigend rot leuchtende Fruchtfleisch zu beißen, so dass einem der Saft übers Kinn lief und auf die nackten Knie tropfte. Die Wassermelone als Inbegriff von Sommer, das Aufschneiden der Frucht wie ein Schnitt in einen Körper, wenn das Fruchtfleisch aufklafft fast wie bei einer Operation, vom Operieren wurde zwischen meinen Ärzteeltern oft geredet, und so ungefähr stellte ich mir das vor. Fruchtfleisch. So saftig, so viel, so rot. Es fällt mir kaum eine andere Frucht ein, die von außen so anders aussieht als von innen. Wenn sie noch faul und warm auf den Feldern liegt, ähnelt sie einem vergessenen, gammeligen Ball. Ursprünglich kommt sie aus Afrika, liebt trockene Sandböden, sie besteht zu achtundneunzig Prozent aus Wasser, aber braucht selbst nur wenig zum Wachsen. Wie kann das sein? Ein Wunder. Eine Wassermelone ist ein Wunder, davon war ich als Kind überzeugt und bin es immer noch. Der Kenner klopft und horcht auf einen hohlen Ton. Ich klopfe auch immer, weil es fachmännisch aussieht, aber höre im Grunde genommen nichts. Als Kind dachte ich, es wird geklopft, weil man auf Antwort wartet, weil es sein konnte, dass jemand in der Wassermelone wohnte. Ein kleines Tier? Ein Zwergenkind? Gut vorstellbar, denn allein konnte man sie kaum nach Haus schleppen.

Eine Wassermelone muss groß sein, zu groß, nur dann ist sie richtig. Ich halte nichts von Zwergmelonen. Eine richtige Wassermelone muss einen überfordern. Sie passt in keinen Kühlschrank, sie verlangt nach einer ganzen Horde Kinder, um sie aufzuessen. Und sie will Hitze. Eine Wassermelone an verregneten, kühlen Tagen? Kein Gedanke dran. Sie braucht das Licht, die Sonne, um richtig zur Geltung zu kommen. Am besten vor Blau. Dunkelblauem Himmel, türkisblauem Wasser – oder einer azurblauen Wand. Eine Zeitlang habe ich direkt neben dem Haus von Frida Kahlo in Coyoacán in Mexiko gewohnt, das zum Schutz gegen böse Geister blau gestrichen ist. Jeder kennt inzwischen Frida

Kahlo, ihre Bilder, ihre buschigen Augenbrauen, ihre farbigen Kostüme, ihre schmerzensreiche Geschichte.

Die meiste Zeit verbrachte sie in einem Gipskorsett, am Ende ihres Lebens lag sie in ihrem blauen Haus in einem winzigen Bettchen, beinamputiert, gepeinigt, verzweifelt. Und dennoch malte sie weiter. Ihr letztes Bild ist ein leuchtendes Stillleben mit aufgeschnittenen Wassermelonen. Der Titel: *Viva la vida*. Es lebe das Leben. Ich verbrachte viele Stunden in ihrem verwunschenen Garten vor dem blauen Haus. Um die Mittagszeit kam eine Gruppe von Kindergartenkindern. Die Kindergärtnerin schleppte eine Wassermelone herbei, schnitt sie auf, aber bevor die Kinder sie aßen, malten sie sie. Im schönsten Karmesinrot und Dschungelgrün vor dem azurblauen Haus. Oben in Fridas Schlafzimmer steht gleich neben ihrem Bett ein präkolumbianisches Gefäß mit ihrer Asche. Vom Garten aus kann man es (fast) sehen. Und Frida sieht vielleicht die Kinder, die in ihrem Garten Wassermelonen malen. Und essen. Viva la vida.

MEIN FREUND, DER HOLUNDER

Gleich neben dem Haus steht ein Holunderbaum, auf den ich mich jedes Frühjahr freue, wenn er seine feinen weißen Blüten anlegt wie ein Brautkleid. Sie stinken ein wenig nach Schweißfüßen, sagt mein Mann. Ja, stimmt, aber eingelegt in Essig und Zucker wird Holunderlimonade daraus, sogar Holunderchampagner, oder feinste Holunderküchlein! All das weist mein Mann von sich, weil er glaubt, er sei gegen den Holunder allergisch. Tatsächlich niest der Arme sich durch den Frühling, und es wäre eine Liebestat gewesen, den Holunder zu fällen, aber da ich an ihm wie an meinem Mann hänge, geriet ich in einen moralischen Zwiespalt.

Viele Märchen und Geschichten ranken sich um den Holunder. Als Kind war ich märchensüchtig, und besonders *Frau Holle* der Gebrüder Grimm hatte es mir angetan. Sie ist der germanischen Schutzgöttin Holda nachempfunden, die in einem Holunderbaum wohnt, den man vor die Häuser und Ställe pflanzte, um Hexen und bösen Zauber abzuwehren. Dass im Holunderbusch die guten Geister wohnen, glaubten auch die Griechen und Römer. Mein Mann allerdings nicht. Die schlimmen Geschichten über den Holunder verschwieg ich ihm: Er wird auch »Baum des Teufels« genannt, weil sich Judas nach seinem Verrat an Jesus an einem Holunder erhängt haben soll. Allerdings soll man einen Holunder auf gar keinen Fall fällen, sonst kann das Blut der Hexe, die in ihm wohnt, herausfließen. Meinem Mann schwirrte langsam der Kopf von meinen Holundergeschichten. Hexen können sich in Holunderzweige verwandeln und zurück, und deshalb hat man niemals aus Holunderholz Möbel hergestellt. Auf gar keinen Fall darf man ein Kind in eine Wiege aus Holunderholz legen, sonst wird es von Frau Holle geraubt. Was denn nun, fragte mein Mann niesend, ich denke, Frau Holle ist die Gute? Wie Scheherazade hatte ich Zeit gewonnen für den Holunder, als mein Mann zusätzlich zur Allergie eine Erkältung und Fieber bekam. Schwach und gefügig nahm er nun meinen Holundertee an, während ich ihm ins Ohr säuselte, dass Holunder ein altes Heilmittel sei. Tatsächlich erholte er sich schnell, um dann allerdings zu seiner Allergie zurückzukehren und von neuem den Holunder zu beschuldigen.

Die Axt wurde gesucht und auch gefunden. Am Abend vor seiner Hinrichtung blühte der Baum besonders schön, wie mir schien. Als letzten Versuch pflückte ich eine besonders große, weißfiedrige Blüte, legte sie meinem schlafenden Mann unters Kopfkissen und dokumentierte mit dem Handy den Verlauf der Nacht. Er schlief tief und fest, nieste kein einziges Mal und wachte trockenen Auges auf. Es ist nicht der Holunder!, rief ich übermüdet, aber triumphierend – und tatsächlich wurde die Hinrichtung aufgeschoben. Der Holunder durfte bleiben. Die Beeren wurden reif, ich kochte Holundermarmelade ein, was großen Anklang fand – und dennoch: Kaum kommen das Frühjahr und das Niesen zurück, wird der Holunder wieder aufs Neue beschuldigt. Irgendjemand muss einfach schuld sein.

EMISSIONEN

Ich weiß nicht, wie es Ihnen geht, aber ich werde gerade ganz irre bei meinen Versuchen, den Planeten mit meiner Existenz nicht mehr als unbedingt nötig zu belasten. Zum Beispiel esse ich kein Fleisch mehr. Ehrlich. Jetzt lese ich, dass man mit einer neuen Kohlenstoffisotopen-Analyse noch Jahrhunderte später in unseren Skeletten feststellen kann, was wir unser Leben lang gegessen haben. Die Daten verraten nicht nur, ob eher Fisch oder Fleisch oder Gemüse, sondern auch *wann* wir was gegessen haben. Ich bekomme Angst aufzufliegen, denn in meinen Knochen wird man sehr viel Gurkensalat und schwarze Schokolade in der Kindheit nachweisen können, Nasi Goreng aus der Dose (ja, das gab es!!!) und Schlemmerfilets in meinen Zwanzigern, bayerischen Leberkäs und Schweinsbraten in meinen Dreißigern, dann zunehmend Avocado, Lachs und Reis, ab der Jahrtausendwende immer mehr Linsen und Bohnen, Tofu, Grünkohl. Ich habe dazugelernt, würde ich gern den Knochenarchäologen erzählen – aber hoppla! 2019 entdecken sie doch tatsächlich Schweinebraten, Salami, Steak, Joghurt, Käse und sogar einmal Tatar!!!!

Meine Knochen lügen nicht, dabei behaupte ich unter veganen / vegetarischen Freunden doch glatt, eine von ihnen zu sein, aber ab und zu werde ich schwach. Für meinen koreanischen Schweinebraten werde ich so gelobt wie für nichts anderes, Filme und Bücher eingeschlossen. Und ab und zu springt mich eine Salami aus dem Kühlschrank einfach an, ich kann kaum etwas dafür.

Warum fällt es mir so schwer, radikal umzusetzen, was ich doch eigentlich begriffen habe? Ich allein verursache elf Tonnen Treibhausgas im Jahr. Wäre ich Veganerin, wären es zwei Tonnen weniger, und 20 Prozent sind eine ganze Menge. Ganz abgesehen vom Tierwohl, das uns allen sehr am Herzen liegt, solange wir von den realen Bedingungen der Fleischerzeugung nichts mitbekommen. Fleisch ist zudem ein Wasserräuber: Ein Kilo Rindfleisch benötigt 16 000 Liter Wasser. Schweinefleisch ist da ein wenig besser. Kann ich so meinen koreanischen Schweinebraten entschuldigen? Oder damit, dass wir, wenn wir alle nur noch Bohnen äßen, vielleicht am Ende genauso viel Methangas in die Atmosphäre pupsen wie Kühe? Und überhaupt: Ein Kilo Kaffee benötigt 19 000 Liter

Wasser. Hilfe! Seit ich das weiß, schütte ich keinen Kaffee mehr weg, sondern trinke den Rest am nächsten Tag kalt. Kapseln kommen mir trotz George Clooney sowieso nie ins Haus. Und ich verbrauche auch weniger Strom, seit ich mir die Haare während des Staubsaugens über dem Staubsaugerlüftungsschlitz trockne. Darf ich nicht wenigstens ein bisschen Fleisch essen? Wenn ich selbst koche, verursache ich zumindest deutlich weniger Emissionen, denn je höher der Verarbeitungsgrad eines Lebensmittels, desto schlimmer die Bilanz. Kompromissvorschlag: Ich darf meinen sensationellen koreanischen Schweinebraten servieren, wenn es a) einen runden Geburtstag zu feiern gibt; und b) wenn ich auf einem Fahrrad in der Küche als Kompensation für die schlechte Ökobilanz den Strom für den Backofen gleich selbst produziere, am besten für alle anderen elektrischen Geräte im Haushalt gleich mit, denn ja, auch das Streamen von Filmen und Serien verbraucht sehr viel Energie. Außer es spielen Schweine mit, denen nichts Böses angetan wurde. Dann rechnet es sich wieder.

ERINNERUNGSSTÜCKE

Als seit vielen Jahren total und – wie ich meine – erfolgreich integrierte Münchnerin frage ich mich, wie man Kinder ohne Brezn großziehen kann, wenn doch das Erste, was sich die Kleinen zwischen ihre fast noch zahnlosen Kiefer stecken, eine Brezn ist, die man so praktisch halten und schwenken und an der man stundenlang saugen und nagen kann. Schnell eine Brezn auf die Hand – es gibt keinen besseren Schnullerersatz und schnelleren Trost als eine richtig gute Brezn.

Dabei kommt es allerdings aus meiner Sicht ganz entscheidend auf die Art der Brezn an, es darf nämlich auf gar keinen Fall eine schwäbische, badische oder österreichische sein, es muss eine wirklich bayerische sein: außen kross und innen weich. Die Ärmchen müssen auf eine ganz bestimmte Art gekreuzt sein, sie dürfen nicht zu dick und nicht zu dünn sein, an der dicksten Stelle sollen sie an die molligen Oberarme von wohlgenährten Mönchen erinnern, wie im Gebet auf den Schultern übereinandergelegt. Diese Oberarmstelle muss ein wenig aufgesprungen und saftig sein, die Unterarme dagegen knusprig, aber nicht hart. Und natürlich muss es eine Laugenbrezn sein, kurz vor dem Backen für wenige Sekunden in Natronlauge getaucht, aus nichts weiter bestehend als Weizenmehl, Hefe, Malz, Salz und Wasser. Farblich darf sie zwischen nussbraun und dunkelbraun changieren, aber auf gar keinen Fall hellgelb sein. Das Salz muss gekörnt sein, nicht zu viel, nicht zu wenig.

Ach, so eine perfekte frische Brezn zu finden ist zu einer Odyssee geworden, und die meisten Bäcker verdienen die goldene Brezn als ihr Wahrzeichen schon lange nicht mehr. Sie backen sie morgens auf, stecken den Teig in Brezelschlingmaschinen, kaum einer beherrscht noch die besondere Schlingtechnik, bei der die Teigwurst gerollt und gezogen wird, so dass sie sich auf beiden Enden verjüngt, dann in die Luft geworfen und so gedreht wird, dass der Bauch sich eindreht und die Ärmchen auf ihm festgedrückt werden.

Wenn ich eine perfekte Brezn erwische, ist das noch immer höchstes Glück, eine Steigerung nur noch möglich als Butterbrezn – einfach unschlagbar und nur in Bayern möglich. Meine Tochter, mit Brezn großgezogen wie alle echten Münchner Kindl, musste eine Zeitlang in Amerika ganz ohne

Brezn auskommen, bis sie in New York an einem Straßenstand eine *»Pretzel«* entdeckte und jubilierend darauf bestand, eine zu essen, obwohl ich sie eindringlich warnte. Aber ihre Augen leuchteten, vor Vorfreude fing sie fast an zu zittern, ehrfürchtig bekam sie die viel zu große, farblich falsche, schlecht geschlungene Pretzel in die Hand, biss hinein – und fing an zu schluchzen. Es war nur eine miese Imitation einer Brezn. Selbst in München würde ich auch inzwischen meist am liebsten heulen, so selten erfüllt sich meine Sehnsucht nach einer frischen, reschen Brezn. Ich heule einer Brezn-Vergangenheit nach, die so golden vielleicht gar nicht war, aber zu ihr gehörten auch die komplett mumifizierten Breznstücke, die ich zwischen den Autositzen ausgrub, aus Hosentaschen und Tüten barg, Erinnerungen an die Tage mit kleinem Kind und den gemeinsamen Genuss von bayerischen Brezn.

SIND WIR NOCH GANZ DICHT?

Tut mir leid, wenn ich Sie nerve, aber das Thema Milch treibt mich erneut um. Als wir vor vielen Jahren aufs Land zogen, waren unsere Nachbarn Milchbauern mit etwa zwanzig Kühen, die Rosi, Berta und Flora hießen. Wenn sie abends von der Weide kamen, wirkten sie ziemlich glücklich. Von der Bäuerin, die all ihre Kühe ganz genau kannte, bekamen wir frische Milch. Die Kälbchen standen neben ihren Müttern, und wenn sie größer wurden und die Milchleistung naturgemäß nachließ, bekamen die Mütter eine Pause. Wie lange, habe ich damals nicht gefragt. Dass eine Kuh nur Milch gibt, wenn sie kalbt, habe ich als Stadtkind nicht kapiert. Jeden Morgen, wenn der Milchwagen kam, drehte ich mich noch einmal im Bett um, froh, keine Bäuerin zu sein. Der Milchpreis sank und sank, immer mehr Bauern gaben auf, die Kühe verschwanden aus dem Ort. Es gab kein leises Muhen mehr, keine Kuhkarawane am Abend, keine frische Milch mehr, keine dampfenden Kuhklackse auf der

Straße. Damals konnte ich mir keinen Kaffee ohne Milch vorstellen, keinen Kuchen ohne Schlagsahne, kein Wiener Schnitzel ohne Kalbfleisch. Die Bauern selbst aßen nie Kalbfleisch. Das gab ich, nachdem ich so oft die Kälber gestreichelt und sie mir mit ihren rauhen Zungen den Arm geschleckt hatten, auch auf. Aber trotz Laktoseunverträglichkeit aß ich weiterhin Käse, Butter, Joghurt.

Was wir jedoch heutzutage unseren Milchkühen antun, ist so grausam, dass es mir den Appetit verschlägt. Wir quälen unsere fast vier Millionen Milchkühe mit absurden Milchleistungen, wovon sie krank werden und immer kürzer leben. Vor dreißig Jahren, als wir aufs Land zogen, gab eine Kuh etwa 2800 Liter Milch im Jahr, jetzt sind es durchschnittlich fast 10 000. Wir behandeln die Kuh wie eine Maschine, nicht mehr wie ein Lebewesen. Das betrifft alle Nutztiere, aber bei der Milch hatte ich lange ein fast unschuldiges Gefühl, weil sie nichts mit der Schlachtung eines Tieres zu tun hat. Lange habe ich mich mit Biomilch getröstet, aber auch für sie wird die Kuh in einer Dauerschwangerschaft gehalten. Die Kuh ist eine nette Mutter, nach der Geburt steckt sie mehr Energie in die Herstellung der Milch für ihr Kind als für sich selbst. Bei der ständigen Milchproduktion wird sie deshalb oft schwerkrank, ihre Klauen, ihr Euter, ihre Immunabwehr gehen vor die Hunde, nach etwa fünf Jahren ist sie fertig. Früher wurde sie fast dreimal so alt. Jedes Jahr bekommt sie ein Kalb, damit die Milchproduktion nicht versiegt. Aber wohin mit all den Kälbern? Ein Kalb kostet zurzeit nur noch um die neun Euro! Sind wir noch ganz dicht? Will ich das im Ernst weiter mitmachen?

Also stehe ich vor dem Regal mit den Ersatzmilchprodukten, und um die Wahrheit zu sagen: Keines schmeckt mir. Aber ich muss mich wohl dran gewöhnen – im Gedenken an meine Nachbarin, die Milchbäuerin, an Rosa und Berta und Flora, die noch einigermaßen glücklich waren, und ihr tägliches Wunder, grünes Gras in schneeweiße Milch zu verwandeln.

DIE MAGIE DER PETERSILIE

Ich liebe Farben. Für mich muss es bunt sein, auch auf dem Teller. Das Auge isst mit, heißt es doch, und meins freut sich besonders über hübsche farbliche Kompositionen in Komplementärfarben. Also zum Beispiel Tomatensalat mit Gurke und blauen Zwiebeln. Oder rote Beete mit Grünkohl. Melone mit Minze und Feigen. Granatapfel und grüner Salat. Beige-gelb-braune Gerichte wie Kartoffelbrei und Bratwurst, Hühnerfricassée oder Königsberger Klopse deprimieren mich, und es juckt mir in den Fingern, sie farblich aufzupeppen und wenigstens einen kleinen Farbtupfer wie ein bisschen Petersilie drüberzustreuen. Petersilie ist so oft die Rettung. Ein Hohelied auf die Petersilie! Kaum eine Küche kommt ohne sie aus. Sie galt bereits im alten Griechenland als heilige Pflanze, wo man sie als Aphrodisiakum einsetzte. Das hatte ich zwar nicht im Sinn, als ich sie für meinen Zukünftigen zubereitete, aber sie hat tatsächlich eine schon über zwanzig Jahre anhaltende Liebesbeziehung gestiftet, wie sich vielleicht manche Leser*innen erinnern. Auf jeden Fall ist sie meine heißgeliebte Farbretterin in Not. Fakt ist, dass Farben auf dem Teller nicht nur optisch, sondern auch ernährungsphysiologisch wünschenswert sind: Chlorophyll. Lycopin und Anthozyane sorgen für grüne, rote und blaue Lebensmittel. Für dezidierte Farbfans gibt es sogar eine Regenbogendiät, die den Tag in farbige Lebensmittel unterteilt: Morgens isst man rot-gelb-orange mit Kirschen, Bananen und Karotten, mittags grün-gelb-blau mit Salat, Kartoffeln und Brombeeren, abends violett-indigo-gold mit Auberginen, Rotkohl und Mirabellen. Nun ja, für das Auge vielleicht toll, für den Gaumen nur begrenzt attraktiv, aber Lebensmittel in Knallfarben sind in der Regel teuflisch gesund und die beigen nicht. (Allerdings gibt es auch Alkohol in hübschen Farben von Campari-Rot über Bols-Blau bis zu Eierlikör-Gelb und Absinth-Grün, da trinkt dann eher das Auge mit.) Orangefarbene Lebensmittel sollen gut gegen depressive Verstimmungen helfen, gelbe die Konzentration fördern, rote schützen vor Zellalterung und fangen freie Radikale ein, grüne sind gut für Muskeln und Nerven, violette fürs Gedächtnis, und weiße wirken antibakteriell. Die Apotheke auf dem Teller – so schön, dass man es erst fast malen sollte, bevor man es isst. (Vielleicht auch eine interessante Diätidee: alles, was man isst, erst zu malen.) Ganz ohne Farben schmeckt uns das Essen einfach nicht. Auch nicht, wenn die Farben vertauscht sind: der Kartoffelbrei blau, die Bananen rot, die Gurke gelb, die Petersilie orange. Was die Petersilie genau mit meinem Mann zu tun hat? O. k., hier also noch mal: Er hatte großen Hunger, aber nur ein paar Spaghetti, Olivenöl und ein welkes Bund Petersilie in seiner Junggesellenküche. Ich kochte die Spaghetti, briet mit dem letzten Rest Olivenöl die Petersilie und streute sie über die Spaghetti, er hielt mich von da an für eine großartige Köchin und zog umgehend mit mir zusammen. Das war vor zwanzig Jahren. Inzwischen weiß ich, dass der, der uns wirklich liebt, uns immer sagen wird, wenn wir Petersilie zwischen den Zähnen haben. Und das macht er.

FAMILIENGERICHT

In jeder Familie gibt es bestimmte Gerichte, die sonst kaum ein anderer Mensch auf der Welt mag oder versteht. Meine Tochter und ich lieben zum Beispiel gefährlich angebrannten Knusperreis. In der Familie meines Mannes isst man mit Vorliebe Maschinenöl. Zumindest sieht es so aus. Das erste Mal, als ich dort zum Essen eingeladen wurde, warnte er mich: Das möge sonst kaum jemand, aber sein Vater schlürfe es schon zum Frühstück, und ein Essen ohne dieses Öl sei in seiner Familie schlicht nicht vorstellbar.

Aus Märchen kennen wir den Test, dem der Abenteurer, der entweder ausgezogen ist, um das Fürchten zu lernen oder die Prinzessin zu erobern, ausgesetzt wird: Die Fremden setzen dem Neuling ein unbekanntes und gänzlich widerwärtiges Essen vor, das sie selbst unbegreiflicherweise lieben und täglich zu sich nehmen. Feixend beäugen sie den Neuling. Wird er es schaffen, dieses grässliche Zeug hinunterzubringen? Schafft er es nicht, wird er natürlich niemals die Prinzessin bekommen und noch nicht einmal ihr Fahrrad ausleihen oder ihren Hund streicheln dürfen. Mit einigem Herzklopfen also betrachtete ich das großzügig verteilte grünschwarze schmierige Öl auf meinen Salat und lächelte verkrampft. Mein Schwiegervater sagte, er habe Jahre gebraucht, sich daran zu gewöhnen, aber jetzt könne er gar nicht mehr ohne. Er war also auch einmal Neuling gewesen.

Die Familie meiner Schwiegermutter stammt aus der Steiermark, wo auf riesigen Feldern die bis zu zehn Kilo schweren grüngelben Kürbisse herumliegen wie gestrandete Tiere. Nur die Kerne werden herausgeschält, die Kürbisse untergepflügt oder an die Schweine verfüttert. Für einen Liter Kürbiskernöl braucht man ungefähr fünfunddreißig Kürbisse, ein Kürbis hat bis zu eintausend Kerne. Ich nahm diese Information dankend entgegen, und noch immer hatte ich kein einziges Salatblatt angerührt. Alle anderen hatten ihren Salat längst aufgegessen, als ich mich endlich überwand und mir ein Blatt mit Maschinenöl in den Mund schob. Und siehe da: Erleichtert fand ich den Geschmack verblüffend gut. Die Familie betrachtete mich stumm und hielt meine Begeisterung anfangs für vorgetäuscht. Aber bald bekam ich bei jedem Besuch eine ganze Flasche dieses Öls geschenkt: original

Kürbiskernöl aus der Steiermark. Wahrscheinlich bekommt man damit auch alte Nähmaschinen, Vespas und eingerostete Schlösser wieder in Gang, aber auch mich beschwingt dieses Öl. Es schmeckt intensiv, es passt sich nicht an, es verschwindet nicht unter dem Geschmack von anderen Lebensmitteln, es bereichert sie und behauptet sich gleichzeitig. Es veredelt jeden Salat, aber auch kalt aufgeschnittenen Braten. Ich esse es auf Brot mit Salz – oder pur.

Meine Schwägerin, von Kindheitsbeinen an auf Kürbiskernöl trainiert, isst es gern zu Vanilleeis. So weit bin ich noch lange nicht. Aber ich freue mich schon auf Kandidaten, die in meiner Familie irgendwann den Kürbiskernöltest bestehen oder den angebrannten Knusperreis essen müssen.

CAMPING IM WOHNZIMMER

Nabemono habe ich in Japan im Winter kennen- und lieben gelernt. Es schmeckte nicht nur toll, sondern bot oft die einzige Möglichkeit, ein bisschen weniger zu frieren. Japanische Häuser sind meist schlecht isoliert und Zentralheizungen so gut wie unbekannt. Früher behalf man sich mit einem Kohlestövchen unterm Tisch und einer dicken Tischdecke bis zum Boden (nicht so schwierig, wenn man auf dem Boden sitzt), die Beine darunter ausgestreckt Richtung Öfchen, was bei meinen langen Haxn regelmäßig zu Verbrennungen an den Füßen führte. Das Stövchen für das Nabemono auf dem Tisch war mir sehr viel lieber, es ist auch gar kein Stövchen, sondern ein Gas-Campingkocher. Ganz gleich, ob im 32. Stock in Tokio oder in einem windigen Holzhaus auf dem Land, ohne Campingkocher, der sofort eine Lagerfeueratmosphäre schafft, gibt es kein Nabemono.

Nabe heißt Topf, und mono sind Dinge, man wirft also verschiedene Dinge in einen Topf. Im

Prinzip wie Fondue, was früher mal sehr schick war und wofür es einen Kupfertopf gab und farblich markierte Gabeln, damit man bloß nicht aus Versehen das Fleisch des Nachbarn aß. Der Nabemono-Topf ist ein glasierter Tontopf, oft so schön wie ein antikes Museumsstück. Es gibt unendlich viele verschiedene Rezepte, in die Dashi-Brühe aus Kombu und Thunfischflocken werden Fleisch und Fisch geworfen, sehr gern Hackbällchen aus Hühnerfleisch, Tofu natürlich und Wintergemüse. In der Region Hokkaido Kartoffeln und Rettich, Chinakohl und Shiitake-Pilze, in Tohoku Petersilie und Zwiebeln, in Kanto Karotten und Kürbis, in München Weißkohl, Chinakohl und alles, was ich noch im Kühlschrank finde.

Das Wunderbarste am Nabemono sind meine japanischen Freundinnen, die mit kleinen Köstlichkeiten anrücken. Eine hat eine Yuzu, eine Art Limette, vom letzten Japanbesuch mitgebracht, eine andere Ginkgo-Nüsse in ihrem Münchner Garten gesammelt und geröstet, eine weitere hat eine frische Wasabi-Wurzel aufgetrieben und bringt auch gleich die richtige Reibe dafür mit, noch eine andere macht Gomadare, die Sesamsauce fürs Fleisch. Jedes Mal wieder sehe ich ihnen allen fasziniert dabei zu, wie sie die Lebensmittel vorbereiten. Nichts geschieht hastig oder ungefähr, sondern mit hingebungsvoller Aufmerksamkeit. Auf großen Tellern werden die Zutaten aufs schönste hergerichtet, die dann von einer Nabe-Vorsteherin, zu der jedes Mal wieder dieselbe Freundin gewählt wird, mit langen Stäbchen in die Brühe getaucht, gegart und verteilt werden. In kleinen Häppchen isst man sehr, sehr lange. Auf Japanisch heißt das *»nabe o kakomu«*, um den Topf herumsitzen – eine erprobte Praxis nicht nur, um Freundschaften zu feiern und zu festigen, sondern auch, um Streit beizulegen: Lass uns doch mal ein bisschen um den Topf rumsitzen. Das beste Rezept überhaupt, wie ich finde. Die Gespräche entwickeln sich wie das Essen, erst schnell und aufgeregt, dann immer langsamer und friedlich, am Ende, wenn die Nudeln in die Brühe kommen, nur noch wohlig seufzend, sehr satt und rundherum warm. Die Zentralheizung hab ich vorsichtshalber vorher heruntergedreht.

DIE KERNAUFGABE

Ich habe lange gebraucht, um mich mit dem Granatapfel anzufreunden, was vor allem daran lag, dass ich nie wusste, wie ich die Kerne aus der Schale herausbekommen sollte, ohne die Küche und mich selbst in ein Schlachtfeld zu verwandeln. Ich pulte die wunderschönen rubinroten Kerne in endlosen Sitzungen einzeln heraus, ich schälte den Granatapfel und versuchte, der Kerne von außen habhaft zu werden, ich schnitt ihn auf verschiedenste Arten auf und verstand bei den anschließenden Versuchen der Fleckentfernung, warum der Saft von Alters her zum Färben von Teppichen verwendet wird.

Je mühsamer sich das Entkernen darstellte, umso mehr wollte ich unbedingt Granatäpfel verwenden, denn plötzlich tauchten sie überall auf: in Salaten, im Gemüse, beim Fleisch, in Nachspeisen und Kuchen. Und seit es in jeder Küche Ottolenghi-Kochbücher gibt, geht gar nichts mehr ohne den Granatapfel. Wahrscheinlich war es auch ein Granatapfel, von dem Eva im Paradies genascht hat, der erst in unseren Breitengraden zum Paradiesapfel und roten Apfel umgedichtet wurde. Als »Frucht der Sünde« hängt er bis heute als Apfel oder Weihnachtskugel am 24. Dezember, dem Gedenktag von Adam und Eva, am Weihnachtsbaum. Ob das wirklich stimmt? Ich weiß es nicht. Ich habe auch keine Ahnung, wie Eva damals die Kerne aus der Frucht bekam. Auf jeden Fall war es fleckentechnisch praktisch, dass sie komplett nackt waren. (Bevor sie ihre Scham mit Feigenblättern bedeckten, was im Fall von Adam ziemlich angeberisch war, denn Feigenblätter sind riesig.) Auch der Apfel, den Paris der schönsten unter den drei Göttinnen Hera, Aphrodite und Athene überreichte, war wohl ein Granatapfel, wenn auch vergoldet. Da entfiel zwar das Problem, die Kerne herauszulösen, aber es gab dennoch jede Menge Ärger. Hübsch ist an der Geschichte, dass Paris gar nichts von den drei Damen wollte, sondern von Zeus zu Griechenlands Topmodel-Show verdonnert wurde und wohl zu Athene und Hera sagen musste: Ich habe heute keinen Granatapfel für dich …

Irgendwann befragte ich endlich das allwissende Internet: Wie esse ich einen Granatapfel? (Ganz nebenbei beschäftigt mich die Frage, was es bedeutet, wenn wir nicht mehr die Alten nach ihren Tipps und Tricks fragen müssen, sie uns sorgfältig merken, ihre Geheimrezepte verwahren und weitergeben, wenn wir ihre Erfahrung und ihr Wissen nicht mehr als Teil unseres Erbes sehen.) Das Internet wusste natürlich genau, wie man einen Granatapfel fein säuberlich und ohne einen einzigen Spritzer mit der Klopfmethode isst, aber es verriet nichts über die psychologisch wertvolle Komponente des Ratschlags: Neuerdings bewaffne ich mich nämlich immer, wenn mich etwas ärgert, mit einem hölzernen Kochlöffel, stelle eine Schale in die Spüle und dresche darüber auf einen halbierten Granatapfel ein. Alle Menschen, die mich ärgern oder zur Weißglut bringen, die mich empören und vor Wut fast explodieren lassen, weil sie z. B. den Klimawandel leugnen, eine schlechte Kritik über einen Film von mir geschrieben haben, Glyphosat weiter genehmigen, Restmüll in den Papiermüll kippen, den Brexit befürworten oder mich auf dem Fahrrad fast über den Haufen gefahren haben: Ich verprügle sie alle nach Strich und Faden, dresche nach Kräften auf sie ein, und danach verzehre ich meinen Granatapfel, Kern für Kern, ganz und gar friedlich – und ohne einen einzigen Blutfleck auf meiner weißen Weste.

DAS GROSSE FRESSEN

Seltsam, eigentlich bin ich die Letzte, die sich über fehlende Tischmanieren aufregt. Neuerdings jedoch reagiere ich immer heftiger auf Mitmenschen, die sich quer über den Tisch legen und ungeniert in sich hineinfressen, den Unterarm vorm Teller, die Gabel in der Faust, das Handy gleich daneben. Was regt mich daran so auf? Zum einen sieht es wirklich nicht schön aus, es ist so ziemlich das glatte Gegenteil von graziös oder elegant, aber das erwarte ich gar nicht. Was mich stört, ist die Missachtung des Essens und des Vorgangs, es sich einzuverleiben. Es scheint völlig wurscht zu sein, was man in sich hineinschaufelt, Hauptsache, es schmeckt irgendwie nach irgendwas, während man sich eigentlich mit etwas anderem beschäftigt.

Ja, es kann ziemlich langweilig sein, allein zu essen, und mühsam, da auch noch Manieren zu haben, und wer hätte nicht in Ermangelung eines Handys oder einer Zeitung schon die Aufdrucke von Milch- und Müsliverpackungen studiert, die anscheinend nur für den einsamen Esser gedichtet werden. »Heumilch aus dem frischen Heu, von der Kuh extra für dich.« Echt jetzt? »Schmeck dich frisch!« Wie geht das? Inzwischen gibt es ganz andere Möglichkeiten, sich nicht beim Essen zu langweilen: In Korea machen junge Leute Karriere, die allein am Tisch vor sich hin essen und sich dabei filmen. Sie machen nichts weiter, als Unmengen von Essen in sich hineinzustopfen und auf Youtube zu stellen. Seltsam? *»Meokbang«* heißt dieser Trend. Sie sprechen noch nicht einmal dabei. Essensgenossen, die genauso allein essen wie sie selbst, schauen ihnen dabei zu. Auf Tischmanieren verzichten sie dabei – wie ihre Zuschauer wohl auch.

Ellenbogen vom Tisch! Sitz gerade! Mit dem Essen spielt man nicht! Iss langsam! Schling nicht so! Lad dir nicht so viel auf den Teller! Warte, bis alle am Tisch sitzen! Fang nicht als Erste an! Beide Hände auf den Tisch! Ich höre diese Ermahnungen aus meiner Kindheit bis heute. Ich fand sie lästig, wollte mich, immer hungrig wie ein Wolf, am liebsten ungehindert aufs Essen stürzen und es verschlingen, aber durch die ständige Wiederholung zwangen sie mich, das Essen als Ritual mit bestimmten, unumstößlichen Regeln zu begreifen. Es ist zugegebenermaßen schwer, diese Regeln aufrechtzuerhalten, wenn wir nicht mehr regelmäßig zusammen essen; immer mehr *»to go«* als *»to sit down«*. Aber verlieren wir nicht etwas ganz Entscheidendes, wenn wir den Essensvorgang nicht mehr ritualisiert wahrnehmen?

Ich denke, wir isolieren uns auf diffuse Weise von der Welt, wenn wir uns nicht jedes Mal wieder klarmachen, wie viele Menschen, Tiere und Pflanzen daran beteiligt waren, um dieses Essen vor mir auf den Teller zu bringen. Da könnte ich jetzt echt mal den Ellenbogen vom Tisch nehmen, ein klein wenig Grazie in mir hervorkramen – und mich vielleicht sogar vor meinem gefüllten Teller verbeugen. Nur ganz kurz. Wäre ja sonst seltsam.

DER TEIG KNETET DICH

Ich habe keine Ahnung, wie die Situation sein wird, wenn dieses Buch erscheint. Dürfen wir hoffentlich wieder vor die Tür ohne triftigen Grund? Sind die Läden wieder geöffnet? Die Restaurants? Die Kinos, Theater, Opernhäuser? Und gibt es wieder Hefe zu kaufen? Hefe war der Renner im Lockdown. So viele haben sich anscheinend an die Freuden des Backens erinnert, dass es im Handumdrehen keine Hefe mehr gab, als wäre dieser lebendige kleine Pilz zu einer Art Beschwörung geworden: Solange man Hefe im Haus hat, kann einem nichts geschehen. Tatsächlich wirkt der leicht süßliche Geruch von Hefe, der früher durch die Zimmer wehte, wie ein warmes, wohliges Versprechen, sofort beruhigend. Ich erinnere mich an die Zwetschgenkuchen meiner Mutter, die Hefezöpfe und Rosinenbrötchen, die man in warme Milch einstippte, an die kleinen Rülpser, die in einem aufstiegen wie Bläschen in einem Weizenbier, wenn man vom frischen Teig genascht hatte. Hefe war geheimnisvoll. Ich lernte, dass sie es weder zu heiß noch zu kalt mag und dass Salz sie umbringt. Der Hefeteig brauchte verlässliche Wärme und Ruhe, um aufzugehen. Auf gar keinen Fall durfte man das Küchentuch lüpfen und in die Schüssel linsen, als sei das Aufgehen eine sehr private Tätigkeit, bei der der Teig nicht beobachtet werden wollte, um dieses fast biblische Wunder zu vollbringen, bis aufs Doppelte anzuwachsen. Ein lebendiges Wesen, von dem man nicht recht wusste, ob es nicht irgendwann ausflippen und immer weiter wachsen würde wie im Märchen vom süßen Brei. Als dünner Brei angerührt und ins Gesicht geschmiert, sollte uns die Hefe als Teenager von Pickeln befreien. Als braune Hefepaste aus der Tube wurde sie uns wegen all der wunderbaren Vitamine aufs Brot gestrichen. Immer lagen die kleinen Würfel im Kühlschrank, die irgendwann vertrockneten und dann von der so praktischen Trockenhefe abgelöst wurden. In Amerika habe ich oft erfolglos in den Supermärkten nach Hefe gesucht, dort ist sie dem Mehl bereits beigemischt, was ich unverzeihlich finde, denn allein die Prozedur des Anmischens hat doch etwas Magisches. Lauwarmes Wasser will die Hefe, das man an der Handgelenkinnenseite testet wie für ein Baby, ein wenig Zucker oder Honig, so wird sie erweckt wie ein Tierchen aus dem Winterschlaf, um dann entweder gewaltig ans Werk zu gehen – oder sich zu verweigern und schmollend und zäh in der Schüssel hocken zu bleiben, weil ihr irgendetwas nicht passt. Nicht du knetest den Teig, sondern der Teig dich, hieß es in der Küche eines Zen-Klosters. Er zeigt dir, wie du bist: zu ungeduldig, zu ungenau, zu fahrig, zu unkonzentriert. Ein schön aufgegangener Hefeteig ist wie ein Kompliment. Meine Mutter erzählte mir neulich, was es bedeutete, als es nach dem Krieg wieder Hefe gab. Dieser Geruch! Dieses Versprechen auf süße, warme Kuchen! Diese wohlige Wonne. Kein Wunder, dass wir uns in Krisenzeiten auf Hefe stürzen. Sie lebt und tröstet so schön.

ANMERKUNGEN

Die Verwandlung: Claude Lévi-Strauss, *Mythologica I – Das Rohe und das Gekochte*, aus dem Französischen übersetzt von Eva Moldenhauer, herausgekommen beim Suhrkamp Verlag, 2000.

Von Kohl zu Kale: Bei der erwähnte Netflix-Dokumentarserie handelt es sich um *Chef's Table*. In der dritten Staffel wird in der ersten Episode die buddhistische Nonne Jeong Kwan aus Südkorea porträtiert.

Philosophische Puffer: Information zur Latkes-Hamantaschen-Debatte findet man unter https://www.youtube.com/watch?v=f9MujDe3RrI&feature=youtu.be und https://news.uchicago.edu/story/latke-or-hamantash-which-better-environment

Von Hühnern und Menschen: Die Frühstücksei-Szene ist nachzulesen in *Loriot. Dramatische Werke*, Hrsg. von Susanne von Bülow, Peter Geyer, OA Krimmel. Diogenes Verlag, 1981, 2016

Eine Frage der Haltung: *Erleuchtung garantiert*. Doris Dörrie hat diesen Spielfilm mit Uwe Ochsenknecht und Gustav Wöhler 1999 in Japan gedreht.

Tofu ist Tofu: Das Zitat des Zen-Meisters Dōgen Zenji stammt aus dem Buch *Anweisungen für den Koch:*

Ein Lebensentwurf eines Zen-Meisters von Bernard Glassman und Rick Fields in der Übersetzung von Theo Kierdorf und Hildegard Höhr, die 2010 als Neuerscheinung bei Edition Steinrich erschienen ist.

Japanisches Aspirin: *Kirschblüten – Hanami*. Doris Dörrie hat diesen Spielfilm mit Hannelore Elsner und Elmar Wepper 2008 in Bayern und Japan gedreht.

Goethe in Neapel – ohne Pizza: Das Goethe-Zitat ist dem Buch *Italienische Reise* von Johann Wolfgang Goethe entnommen, das 2016 beim Hofenberg Verlag erschienen ist.

Suppe mit Tiefgang: Der erwähnte Film *Tampopo* wurde 1985 in Japan unter der Regie von Jūzō Itami gedreht.

Äpfel und Birnen: Das Fontane-Gedicht »Herr von Ribbeck auf Ribbeck im Havelland« stammt aus Theodor Fontane, *Gedichte*, hrsg. v. Karl Richter, Reclam Verlag 1998.

Eine Tüte Nostalgie: Otfried Preußler, *Die kleine Hexe*. Erstmals erschienen 1957 beim Thienemann Verlag.

Der Teig knetet dich: Das Zitat aus dem Zen-Kloster stammt aus *How To Cook Your Life*. Doris Dörrie hat diesen Dokumentarfilm über den Zen-Lehrer und Koch Edward Brown 2007 gedreht.

Bei dem empfohlenen Buch handelt es sich um *Die Ladenhüterin* von Sayaka Murata, übersetzt aus dem Japanischen von Ursula Gräfe und 2019 beim Aufbau Verlag erschienen.

Bitte beachten Sie
auch die folgenden Seiten

Doris Dörrie im Diogenes Verlag

»Es ist vollkommen gleichgültig, ob Sie Doris Dörrie in der Badewanne, im Intercity-Großraumwagen, im Lehnstuhl oder in der Straßenbahn lesen, nur: Lesen Sie sie!« *Deutschlandfunk, Köln*

Liebe, Schmerz und das ganze verdammte Zeug
Vier Geschichten
Daraus die Geschichte *Männer* auch als Diogenes Hörbuch erschienen, gelesen von Anna König

»Was wollen Sie von mir?«
Erzählungen. Mit Fotos von Helge Weindler

Der Mann meiner Träume
Erzählung
Auch als Diogenes Hörbuch erschienen, gelesen von Heike Makatsch

Für immer und ewig
Eine Art Reigen

Bin ich schön?
Erzählungen

Samsara
Erzählungen

Was machen wir jetzt?
Roman

Happy
Ein Drama

Das blaue Kleid
Roman

Mitten ins Herz
und andere Geschichten. Ausgewählt von Daniel Keel. Mit einem Nachwort der Autorin

Und was wird aus mir?
Roman
Auch als Diogenes Hörbuch erschienen, gelesen von Doris Dörrie

Kirschblüten – Hanami
Ein Filmbuch

Alles inklusive
Roman
Auch als Diogenes Hörbuch erschienen, gelesen von Maria Schrader, Petra Zieser, Maren Kroymann und Pierre Sanoussi-Bliss

Diebe und Vampire
Roman
Auch als Diogenes Hörbuch erschienen, gelesen von Doris Dörrie

Leben, Schreiben, Atmen
Eine Einladung zum Schreiben
Auch als Diogenes Hörbuch erschienen, gelesen von Doris Dörrie

Kinderbücher:

Mimi
Mit Bildern von Julia Kaergel

Mimi und Mozart
Mit Bildern von Julia Kaergel